いま学ぶ
アイヌ民族の歴史

加藤博文
Hirofumi Kato

若園雄志郎
Yushiro Wakazono

編

山川出版社

まえがき

　本書は，日本列島北部の先住民族であるアイヌ民族の歴史と文化について高校生以上の一般読者を対象に概説したものです。

　アイヌ民族を取り巻く環境は，近年，政策的にも社会的にも大きく変化をとげています。その背景には，2007年の国連総会第61会期において「先住民族の権利に関する国際連合宣言」(UNDRIP)が採択されたことや，これを受けて2008年の衆参両院で「アイヌ民族を先住民族とすることを求める決議」が採択されたことが大きく影響しています。2008年の国会決議を受けて，当時の福田康夫内閣の内閣官房長官談話として，日本政府は公式にアイヌ民族を日本の先住民族として認め，「先住民族の権利に関する国際連合宣言」を参照したアイヌ政策を推進することを確約しました。このような動きは，内閣官房長官を座長とするアイヌ政策推進会議の設置を受けて，社会的にも直接的または間接的にアイヌ民族への国民の関心を高めているといえます。

　アイヌの歴史に関する書籍は，2007年以降に限ってもいくつも刊行されています。本書は，それら先学諸氏による重厚な研究成果に基づく包括的な歴史書ではありません。教科書として学ぶ日本史の枠組みのなかでは部分的に取り上げられるだけの北海道島の歴史，そこに生きるアイヌの歴史を，国家という政治社会組織から自由であった先史文化の頃からしだいに国家に抱合され，植民地的経験を受けるなかで社会的・文化的に変容していく過程をたどったものです。

北海道の歴史と先住民族アイヌの歴史

　近世以前の北海道島の歴史は，アイヌの民族形成の歴史となります。しかし，そのアイヌの歴史を体系的に高校や大学において学ぶ機会は，残念ながらまだ整えられていません。もとより日本史の概説書が語っているのは，いかにして日本という国家が日本列島のなかで成立してきたのかであり，日本という国家の領域内で生じた歴史的出来事，そこに暮らした人々を主軸に解説されています。一方で北海道島に暮らしてきたアイヌの歴史は，長く日本という国家に組み込まれることなく，日本史の枠組みの外側で独自に展開されてきました。日本史の枠内において北海道島，そしてアイヌの歴史を十分に語ることはできません。

学校教育のなかで歴史は，日本史と世界史（外国史）に二分されて教えられています。そのため日本史という一国史の語りは，「国家の歴史」や「国民の物語」という枠組みにおちいりやすかったことが日本学術会議の報告においても指摘されています（日本学術会議 2010『報告 史学分野の展望 ――一国史を超えて人類の歴史へ――』：p. ii）。この一国史という語りのなかでは，一つの国家と一つの民族（人々）という意識が強く反映され，国の成り立ち，国家形成史という枠組みでの記述が基本でした。日本学術会議の報告においても，「日本史学・日本考古学の時代区分や分析概念がその歴史的・地域的特性に基づいて構築されているため，国際的に見たとき，独自性が強（く）…中略…世界共通レベルあるいは人類史の視点において説明する努力をすることがよりいっそう必要である」と指摘されています（日本学術会議 2010『報告 史学分野の展望 ――一国史を超えて人類の歴史へ――』：p.5）。

　近年は，日本史研究の内部においても国民国家史的・一国史的な日本史像の打破をはかる取り組みもなされてきています。歴史を学ぶ上で重要なことは，「誰のための歴史なのか」「誰に対して歴史を語るのか」という基本的な問いかけを続けていくことです。私たちが住むこの国の歴史の語りは，一つではありません。いくつも語りが存在します。歴史には自者と複数の他者が存在し，歴史の解釈に求められるのは，解釈の多様性（multivocality）といえます。

　残念なことに北海道島の歴史やアイヌの歴史は，日本史の概念や枠組みのなかで，主に日本語で語られているのが現状です。アイヌの歴史や文化を学校教育のなかでアイヌの世界観や歴史観によって，あるいはアイヌ語によって語ることは，簡単ではありません。

本書の構成

　本書は，高校での日本史の枠組みを基礎において，教科書で取り上げる古代・中世・近世・近代そして現代の時代ごとに北海道島と先住民族であるアイヌの歴史をまとめています。当然，アイヌ民族の視点に立った歴史としては，国家史の時代区分の枠組みは，必ずしも十分なものではありません。北海道島の歴史やアイヌの歴史を古

代・中世・近世・近代・現在といった時代区分で理解することには無理があります。しかし本書では，あえてこの時代区分に沿って北海道島とアイヌの歴史を描く試みを行っています。その理由には，多くの人々が学校教育において学ぶ歴史は，高校に至るまでこの日本史の枠組みのなかで学ぶことになるからです。現行の高校教科書のすべての時代において北海道島の歴史やアイヌの歴史が取り上げられているわけではありません。本書においては，まず最初に教科書のすべての時代においてアイヌの歴史がたどれることを示しました。本来は，時代区分においてもアイヌ独自の歴史観が反映される必要があります。その意味では，本書はまだ未完成であるといえましょう。

　本書のもう一つの狙いは，専門書のレベルではなく，北海道島とアイヌの歴史の流れを解説することにあります。そのために各章は，現在，北海道内の高校において歴史教育を担当している教員が中心となって執筆しました。各章の項目についても，それぞれの章の担当者がアイヌの歴史という視点からとりあげ，執筆者全員で項目を確認して選別したものです。記述内容も読者対象を，歴史を学ぶ高校生，またはそれ以上の一般読者を対象としているため，なるべくわかりやすく，何よりも北海道島の歴史，そこに生活してきた先住民族アイヌの歴史を一つの流れとして概観できることを目指しました。紙数と構成の関係から，残念ながら取り上げることができなかった項目，資料的に詳細に踏み込めなかった重要な項目も少なくありません。構成は，部ごとにその時代の北海道島とその周辺地域をめぐる歴史的な動きを概説して，そのあとで時代ごとにとりあげた項目について，見開きページで説明文と関連資料や写真・図表によって解説しています。

　私たちは，将来的に日本史の時代区分とは別のアイヌ民族自らの視点に立った，アイヌ民族自身の語りを組み込んだ独自の歴史が提示できるようになることが理想的であると考えています。そこへつながるための一歩として，本書がたたき台となれば幸いです。なお，本書においては，民族や先住民族という概念が近代国家の成立および国家による植民地政策と関係していることを基準に，近代国家成立以前について触れた第3部までは「アイヌ」と表記し，近代国家の成立した第4部以降では「アイヌ民族」と表記しました。

編　者

目次

まえがき

第1部 アイヌ形成に至る歴史 1

第1章 人類史からアイヌ史を位置づける 2
1. ヒトとはなにか 2
2. ホモ・サピエンス（解剖学的現代人）の登場 4
3. 人類史のなかにアイヌ史を位置づける 6

第2章 北海道島における集団形成の歴史 8
1. 旧石器文化期の北海道島 8
2. 縄文文化の始まり 10
3. 縄文文化における人々の生活 12
4. 弥生文化の成立と北海道島の「続縄文文化」 14
5. 古墳文化と北海道島の古代文化 16
6. オホーツク文化と擦文文化 18

第2部 北海道島におけるアイヌの形成 21

第1章 東アジアのなかのアイヌ 22
1. 「エミシ」から「エゾ」へ 22
2. 文献史料にみえる「エゾ」 24
3. 「中世のアイヌ」文化 26

第2章 アイヌの交易と抵抗 28
1. 鎌倉幕府の成立とアイヌ 28
2. 「北からの蒙古襲来」とその背景 30
3. 室町時代の産業の発達と十三湊 32
4. 明のヌルガン都司経営とアイヌ 34
5. コシャマインの戦いとその背景 36
6. 蝦夷が島の戦国時代 38

第3部 近世国家とアイヌ 41

第1章 近世世界とアイヌ 42
1. 松前藩とアイヌ 42
2. シャクシャインの戦い 44

- ③ 商場知行制と場所請負制 46
- ④ 江戸幕府による「蝦夷地開発計画」 48
- ⑤ 山丹交易と蝦夷錦 50

第2章　日本の対外政策とアイヌ 52

- ① クナシリ・メナシの戦い 52
- ② 幕府による蝦夷地の「内国化」政策 54
- ③ 「箱館奉行」と五稜郭の築城 56
- ④ 世界市場と箱館開港 58
- ⑤ 戊辰戦争と蝦夷地 60

第4部　近代国家の成立とアイヌ民族支配 63

第1章　近代国家の形成と民族支配 64

- ① 蝦夷地から北海道へ 64
- ② 開拓使の設立 66
- ③ 戸籍法とアイヌ民族 68
- ④ 屯田兵制度の実施 70
- ⑤ 殖産興業政策と北海道 72
- ⑥ 北海道における「地租改正」 74
- ⑦ 明治初期外交と「アイヌ」 76

第2章　内国植民地化の進む北海道 78

- ① 北海道の自由民権運動 78
- ② 開拓使官有物払い下げ事件 80
- ③ 三県一局時代から北海道庁の設立へ 82

第3章　明治立憲国家とアイヌ民族 84

- ① 大日本帝国憲法の制定と北海道 84
- ② 日露戦争とアイヌ民族 86
- ③ 「内国植民地」政策とアイヌ民族 88
- ④ 北海道旧土人保護法の制定 90

第4章　近代化とアイヌ民族 92

- ① 明治期の「アイヌ民族観」 92
- ② アイヌへの民族教育 94

第5部 大正・昭和初期の日本とアイヌ民族 97

第1章 植民地政策の展開とアイヌ民族 98

1. 北海道旧土人保護法とアイヌ民族 98
2. 日露戦後の北海道とアイヌ民族 100
3. 大正デモクラシーとアイヌ民族 102
4. 第一次世界大戦と北海道 104
5. 北海道における社会運動とアイヌ民族 106

第2章 北海道旧土人保護法と戦時体制 108

1. 昭和恐慌と北海道 108
2. 北海道アイヌ協会の設立 110
3. 北海道旧土人保護法改正とアイヌ民族 112
4. 第二次世界大戦における戦時体制と北海道 114
5. 太平洋戦争と北海道・アイヌ民族 116

第6部 戦後民主国家の成立とアイヌ民族 119

第1章 戦後のアイヌ民族の運動 120

1. 敗戦直後の民主化の風潮とアイヌ民族の活動 120
2. 農地改革とアイヌ民族 122
3. 経済復興とアイヌ民族 124
4. 高度成長とアイヌ民族 126

第2章 アイヌ民族，権利獲得への道 128

1. アイヌ民族による文化伝承活動 128
2. 差別に抵抗するアイヌ民族 130
3. 新法制定の運動 132
4. アイヌ民族の国際的な活動 134
5. アイヌ文化振興法制定とその後の動き 136
6. 現代のアイヌ文化 138

付録 141
アイヌ文化関連施設 142
索引 149
図版所蔵・提供先一覧 154

第1部　アイヌ形成に至る歴史

　北海道の博物館の展示では，時代年表に「アイヌ文化(期)」という時期区分を目にすることが多い。この「アイヌ文化(期)」とは，通常13世紀から19世紀半ばまでの時期を示し，日本史における「中世」から「近世」の時期に相当する。この名称には問題があり，時期を示す名称に現在を生きる民族名を当てはめていることから，アイヌ文化のみならず，あたかも文化の担い手であるアイヌ民族もまた13世紀以降に成立し，それ以前には「アイヌの人たちはいなかった」かのような誤った印象を与えてきた。

　北海道島に人々が生活し始めた時期は，考古学の発掘調査から3万年前の旧石器時代にさかのぼることがわかっている。しかし，今日まで最初に大陸から北海道島に渡り，住み始めた人々がどのような人たちであったのかを示す直接的な証拠である化石人骨はみつかっていない。北海道島の最初の居住者については，彼らが製作し使用した石器や生活の痕跡など，旧石器文化からうかがい知るのみである。近年，目覚ましい発展をとげている分子遺伝学の研究では，北海道島の縄文文化を残した人々のミトコンドリア(DNA)が明らかにされており，縄文人と現在のアイヌ民族との間に遺伝的な系統関係があることが確認されている。その後の北海道島には南北から新たな集団の移住が行われた。現在のアイヌ民族は，周辺地域の集団と交流し，統合を重ねながら形成されてきたということができる。

　第1部においては，日本列島に最初の人類集団が到達した時代から日本列島に古代国家が形成され，展開する時代までの北海道島に生きた人々と周辺の歴史的状況について解説する。当初，日本列島全域にほぼ均質な狩猟・採集民社会が広がり，地域ごとの自然環境に適応した地域色豊かな文化が展開した。しかし，紀元前1千年紀の後半になると，日本列島の西から中央部にかけて，東アジア農耕社会の影響が浸透し，農耕民の社会が成立する。しかし，日本列島北部に位置する北海道島では，農耕社会の技術伝統が波及せずに，持続性をもった狩猟・採集民社会が南の国家と経済的な交流をもちつつ展開した。ここでは，列島北部の狩猟・採集民社会の独自性と，周辺地域との経済的・社会的なつながり，南北からの人と文化の交流の様相をみていく。

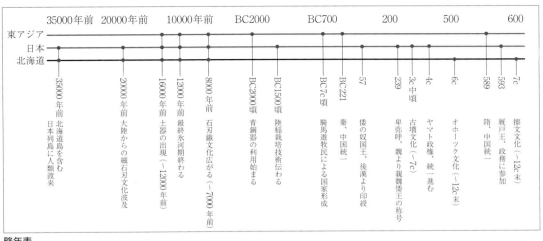

略年表

第1部　アイヌ形成に至る歴史

第1章　人類史からアイヌ史を位置づける

❶ ヒトとはなにか

人類・人種・民族

　私たちは，生物学的に現生人類，ホモ・サピエンスという種に属する。この学名は，18世紀のスウェーデンの生物学者カール・リンネ（1707－78）によって命名された。ホモ・サピエンスは，新人または解剖学的現代人などとも呼ばれる（コラム参照）。現在，人類は熱帯から極地まで地球のあらゆる環境に暮らしているが，生物種としては，ホモ・サピエンスの一種のみである。しばしばみられる「人種」という用語は，1775年にドイツの人類学者ヨハン・F・ブルーメンバッハ（1752－1840）が毛髪や肌の色，頭の形の違いなど身体の外的要素から地球上の人類を分類したものである。20世紀以前には，このような分類によって，集団間の優劣を検討する研究も行われたことがあった。しかし，今日では「人種」という分類概念に科学的な根拠は認められていない。むしろ，「人種」概念がもたらす生物学的根拠のない差別が問題視されている。1965年には国連で人種差別撤廃条約が採択されている（1969年発効）。なお，日本は1995（平成7）年にこの条約に加入している。

　人類は，地球上の各地の多様な環境に適応し，長い歴史のなかで言語・宗教・習慣などの文化的多様性を生み出してきた。文化的な特徴に基づいて人間集団を区分する概念には，「民族」がある。ただし，この「民族」という分類もその基盤となる文化的特徴が先天的な形質でなく，人の成長過程で学習により後天的に獲得されるものであり，生物学的な人類の分類には何ら影響をもたないことを理解する必要がある。

人類の進化

　現在知られている最古の人類化石は，2001年にチャドで発見されたサヘラントロプスで，その年代は約700万年前（新生代新第三紀）にさかのぼる。その後，約400万年前には，アウストラロピテクス類（猿人）がアフリカ大陸に登場した。初期の人類化石がアフリカ大陸内に限られることから，多くの研究者は人類の起源地はアフリカ大陸であり，人類の進化の初期段階はアフリカ大陸の内部で進んだと考えている。この，アウストラロピテクス類は，主に根茎類などを主食としていたと考えられている。

　285万年前以降に地質年代は第四紀という新しい段階に移行する。この第四紀は約1万2000年前を境に，更新世と完新世に細分される。2015年に行われたケニアでの発掘調査により，330万年前には，人類が石器を製作していたことが明らかになった。石器を製作するようになり，人類の食性に肉食が加わる。カロリーの高い食料の摂取は，大きな脳の獲得に影響を与えた。

　2001年にグルジアのドマニシで原人の化石が発見されたことにより，約180万年前にホモ・エレクトゥス（原人）の一部がアフリカ大陸を出て，ユーラシア大陸へ居住域を拡大させたことが明らかになった。ジャワ島のジャワ原人や中国北部の北京原人は，ユーラシア大陸東部へ移住したホモ・エレクトゥスであり，ヨーロッパで発見されたホモ・ハイデルベルゲンシスは，ユーラシア大陸西部へ移動したホモ・エレクトゥスである。この人類集団の一部は，ハンドアックス（握斧）などの高度に規格化された石器を装備し，火を管理する能力も有していた。考古学的には，この人類最初の石器製作からホモ・エレクトゥスにより生み出された文化までを，前期旧石器文化と呼んでいる。

サーミの衣装を着たリンネ

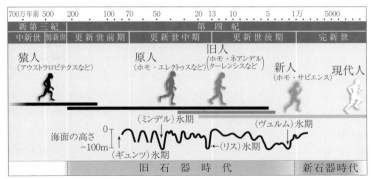

人類進化の流れ

> **コラム** 人間の定義
>
> 　われわれ人類を他の動物と分かつ特徴としては，生物学的には直立二足歩行であり，加えて創造的な文化的活動をあげることができる。人類の文化的活動には，道具製作とその使用，複雑なコミュニケーション能力と社会的行動があり，それらを駆使することで複雑な人間社会や生活空間を形成してきた。
>
> 　これらの諸要素は，互いに独立したものではなく，相互に関連性をもち，道具の製作と使用が肉食を可能とし，肉食による高カロリーの食性が脳を大きくしてきた。大きな脳をもつことにより，言語や身体装飾など複雑なコミュニケーション能力が発達し，コミュニケーション能力の向上は相互扶助や共同作業を可能とし，さらに集団規模の拡大や複雑な社会組織を生み出した。このように，それぞれ関連する要素が進化の過程において段階的に獲得され，今日のわれわれの人類社会を形成してきたのである。
>
> 　人類の進化における転機をどの段階におくのかについては，研究者の間でさまざまに提起されている。最初の石器使用についても，長く約260万年前にホモ・ハビリスによって開始されたと考えられてきたが，2015年にケニアで330万年前の石器が発見され，猿人の段階で，すでに石器が製作されていたことが明らかにされた。

オルドヴァイ（タンザニア）でみつかった最古の石器

原人が製作したハンドアックス

2 ホモ・サピエンス(解剖学的現代人)の登場

ホモ・サピエンスの出現と移住・拡散

約30万年前になると,ホモ・エレクトゥスから進化した古代型ホモ(旧人)が出現し,アフリカやヨーロッパ,東アジアにもその居住域を広げた。ネアンデルタール人類とも呼ばれるホモ・ネアンデルターレンシスは,この一種で,ヨーロッパから中東,そして中央アジアや南シベリアにまで居住を広げ,寒冷な気候にも適応した(コラム参照)。彼らは,独特の石器製作の技術(ルヴァロワ方式)をもち,大型動物を狩猟し,季節的変化の大きい高緯度地域にも進出することができた。この古代型ホモによる文化を考古学では中期旧石器文化と呼ぶ。

約20万年前になると,アフリカ大陸にホモ・サピエンス(解剖学的現代人)が出現する。ホモ・サピエンスの最古の化石は,エチオピアのオモでみつかっている。ホモ・サピエンスは,約10万年前にアフリカ大陸から世界各地へと移住・拡散した。移住・拡散のスピードは急速で,約5万年前にはヨーロッパやオーストラリア大陸にも到達した。3万年前には北緯70度以北の北極圏にも到達している。規格性に富み,機能的に分化した多様な石器類,骨や角を素材とした骨角器を含むホモ・サピエンスの文化を考古学では後期旧石器文化と呼ぶ。後期旧石器文化は最後の氷河期が終わり,新たな石器文化である新石器文化が登場する約1万年前まで存続した。

狩猟・採集と農耕・牧畜

約700万年前にさかのぼる人類の歴史の99%は,狩猟・採集に生活の基盤をおき,周辺の自然環境から生活資源を入手する獲得経済であった。この生活様式によって北極圏から熱帯,そして砂漠地帯にまで人類の生活領域は拡大した。約1万年前に最終氷河期が終わると,変動する気候環境のなかで,狩猟・採集とは異なる生活様式が東アジアと西アジアにおいて出現した。栽培植物から食料を得る生産経済に基づく農耕である。東アジアで約1万年前に稲作が出現し,西アジアでは約9000年前に麦栽培が開始された。また,栽培植物の利用にほぼ時を同じくして家畜動物の飼育も開始された。農耕・牧畜という新たな生活様式の開始である。

この農耕の出現を契機として,石器時代を旧石器文化と新石器文化とに区分する。農耕・牧畜を新たな食料獲得の手段として採用した地域では,定住集落が形成された。人口の増加は,社会内部に階層を発生させ,社会組織が複雑化していった。また人口の増加により大型化した定住集落は,やがて人やモノ,情報の結節点となり,宗教的施設と交易センターをもった都市へと変化していった。

これまで人類社会の歴史は,狩猟・採集から農耕・牧畜へと移行し,やがて都市国家が成立するという段階発展的な流れで社会発展を基礎に理解されてきた。しかし,狩猟・採集や農耕・牧畜という生活様式の違いは,生活環境への適応の仕方と食料資源利用の違いでしかない。生活様式の出現時期や生活技術の違いは集団の優劣を示しているのではないし,狩猟・採集が原始的な生活様式であり,農耕・牧畜がより進んだ生活様式なのではない。生活様式の多様性は,地球環境の多様性とそこに適応した人類文化の多様性の反映と理解すべきである。

コラム　ネアンデルタール人類は私たちの祖先か？

　ネアンデルタール人類は，ヨーロッパに進出した原人が進化した先史人類である。約20万年前頃に出現し，約2万数千年前に消滅したと考えられている。ネアンデルタール人類の化石は，ヨーロッパから南シベリアまで広範囲でみつかっており，高緯度の寒冷環境にも適応していたことが明らかにされている。ネアンデルタール人類が進化の舞台から消えるタイミングは，現生人類であるホモ・サピエンスが世界各地に広がる時期と重なっており，ネアンデルタール人類の消滅に現生人類が関与していた可能性が指摘されてきた。

　ネアンデルタール人類は，私たちの直接の祖先ではなく，ホモ・サピエンスとは別種の人類であると考えられているが，2010年に報告されたネアンデルタール人類の化石人骨から採取された古代DNAの分析結果では，現生人類の遺伝子に1～4％の割合でネアンデルタール人類に特有の遺伝子が受け継がれていることが報告された。このことは，現生人類が世界各地へ拡散する過程でネアンデルタール人類との間に混血した可能性を示唆している。

復元されたネアンデルタール人類

デュッセルドルフ郊外にあるネアンデルタール博物館

コラム　芸術の出現

　ホモ・サピエンスが，急速に地球の各地の多様な環境に適応できた背景には，それ以前の人類にはみられなかった高い認知能力の獲得がある。ホモ・サピエンスの残した遺跡からは，それ以前の先史人類に比べて多種多様な道具が発見されている。道具の素材も多様で，石器に加えて骨や角を素材としている。また，装身具の製作や顔料の存在から，身体装飾が行われていたことがうかがえる。骨や牙を素材に人物や動物の彫像が製作され，ラスコー洞窟やアルタミラ洞窟に代表される洞窟絵画ともあわせて，この時期に芸術が出現している。この解剖学的現代人出現以降に現れる特有の文化的行動は，「行動的現代性」と呼ばれている。

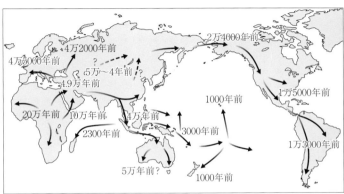
人類の移住拡散ルート

ラスコー洞窟（フランス）に残された岩絵

❸ 人類史のなかにアイヌ史を位置づける

日本列島における人類集団の形成

日本列島への人類集団の到来がどれくらい古くさかのぼるかについては，未だ不明な点が多い。これまでに発見されている化石人骨や石器などから，少なくとも約3万年前にはユーラシア大陸から日本列島へ人類が渡ってきたと考えられている。日本列島に居住する集団の形成過程については，人類学者の埴原和郎（1927－2004）が提唱した「二重構造モデル」がある。この仮説では，最初に縄文文化人に代表される東南アジアに起源をもつ集団が日本列島に渡来し，ついで弥生文化をもたらした弥生文化人が北東アジアから日本列島に渡来したとされる。これら2つの集団が混血することで，現代の日本列島の居住集団が形成されたと考えた。現在の日本列島には，北からアイヌ・本土日本人・琉球人の3つの地域集団が存在するが，埴原は3つの集団の違いを，大陸から移住した集団との混血の度合いの差として説明している。

近年では，分子遺伝学の研究成果により，縄文文化人を東南アジアに起源する一系統の集団としてみなすのではなく，北東アジア起源の集団も含めた複数の系統をもつ集団であるとの指摘がなされている。また，アイヌと琉球人との遺伝的近縁性を示す研究成果も報告されている。現段階での研究成果に基づくと，日本列島における集団形成には地域的な多様な歴史的背景が強く影響していることがわかる。考古学者の藤本強（1936－2010）は，南北に長く延び，大陸に近接する日本列島では，その地理的要因から列島内部の在地集団と大陸からの渡来集団とが，文化的・集団的な接触や交流を繰り返すことで，アイヌ・本土日本人・琉球人という北・中・南の3つの地域集団を形成し，同様に北・中・南の地域文化を育んできたという文化形成モデルを提示した。

歴史を共有する意味

日本列島に生活する集団は，相互に長期的な文化的交流の歴史をもち，移動する人・モノ・情報の歴史の流れのなかで，しだいにアイデンティティ（我々意識）を形成させてきた。言語や信仰，独自の文様装飾や生活様式などの文化伝統は，それぞれのアイデンティティを確認するために創り出されたものである。この文化伝統を維持・継承することによって，アイデンティティは再生産され，強められてきた。

このようなアイデンティティの共有においては，みずからの成り立ちを問う歴史もまた記憶の共有として重要な役割を果たす。自分はどのような集団に帰属するのか，みずからが帰属する集団の歴史的経緯を知りたいという意識は，集団に帰属する個人に共通して存在する。共有される記憶には，言語や信仰，生まれた場所や景観などの要素も含まれる。どの要素が強いとか，要素間での優劣があるわけではない。どの要因に基づくアイデンティティであったとしても，集団内部で共有されることで，より堅固なものとなる。アイヌの歴史も，また北海道島という地域で育まれた長い歴史のなかで形成されたもので，言語や文化，そして地名として残されている。それら一つ一つがアイヌ民族にとっては，アイデンティティの基礎となるものである。アイヌ民族にとっても，これから北海道島で生きていく人々にとっても，北海道島の歴史を知ることは，この地域で生きていくために必要な記憶の共有である。そして，北海道島に暮らしてきた人々の歴史に敬意を払うことによって，北海道島という場所に多文化・多民族社会を形成していくことが可能となる。

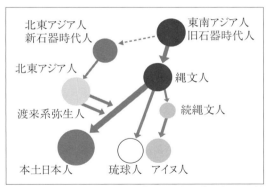
埴原和郎による日本列島集団の「二重構造モデル」(用語は埴原による)

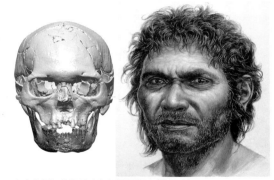
出土化石から復元された旧石器人(港川人)

> **コラム** 新たな発見が続く沖縄の遺跡
>
> 沖縄では，港川人や山下洞人など，いくつかの旧石器時代にさかのぼる人類化石が発見されていた。これに加えて，2007(平成19)年には石垣島で空港建設に際して白保竿根田原洞穴遺跡が確認され，新たに2万年前から1万5000年前にさかのぼる複数体の人類化石が発見されている。2014(平成26)年には，沖縄本島のサキタリ遺跡から2万年前にさかのぼる人類化石と貝製の装身具や釣針がみつかっている。これらの人類化石とその文化を示す資料は，南から日本列島へ到来した人類集団について，貴重な情報を私たちに伝えてくれる。

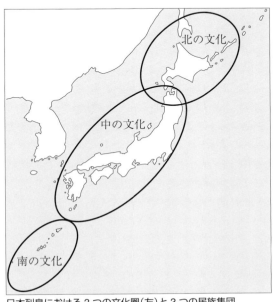
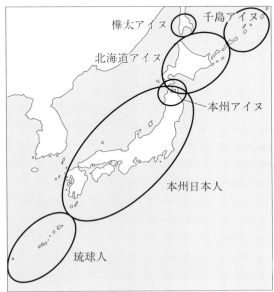
日本列島における3つの文化圏(左)と3つの民族集団

第1部　アイヌ形成に至る歴史

第2章　北海道島における集団形成の歴史

1 旧石器文化期の北海道島

日本列島の形成と北海道島

約285万年前から始まる第四紀は，約1万2000年前を境に更新世と完新世に区分される。更新世は寒冷な氷期と温暖な間氷期とが繰り返された。とりわけ約2万年前に到来した最終氷河期最寒冷期には，現在よりも年平均気温が約7〜8度低かったとされる。寒冷化にともない，地球規模で平均して現在よりも120mほど海水面が低下した。この海水面の低下によってユーラシア大陸とサハリン島，そして北海道島は陸続きとなり，ユーラシア大陸の半島となった。

この時期にマンモス動物群と呼ばれるマンモスやヘラジカ，ヒグマ，ナキウサギなどが大陸から北海道島へ移動してきた（図参照）。一方で，同じ時期に本州島へは，ナウマンゾウやオオツノシカなどの黄土動物群が大陸から移動してきた。最終氷河期は，約1万2000年前に終わりをつげ，気候の温暖化にともなう海水面の上昇によって陸橋は海面の下となり，現在のような日本列島が形づくられた。

北海道島の旧石器文化

帯広市の若葉の森遺跡などにおいて，約3万年前にさかのぼる遺跡がみつかっており，この頃すでにユーラシア大陸から北海道島に移住した人類集団が生活し始めていたことがわかる。現在，北海道島で確認されている旧石器文化の遺跡は，後期旧石器文化のものに限られる。

やがて約2万年前になると，石刃や細石刃という定型的な石器を製作する技術をもつ集団が，新たに大陸から渡来した。化石人骨が未だに発見されていないため，北海道島の旧石器文化を担った集団の詳細については不明である。しかし，同時期の南西諸島では，港川人などの化石人骨が発掘されており，大陸での出土化石人骨資料から考えて，ホモ・サピエンスであったことは確かであろう。本州島ではナイフ形石器や尖頭器と呼ばれる狩猟具がみつかっているが，北海道島での発見は少ない。そのため，当時の北海道島では，本州島とは異なる技術・文化伝統と環境適応行動をもった集団が生活していたと考えられている。

北海道島には，黒曜石と硬質頁岩という石器製作に適した石材が分布しており，旧石器文化の遺跡はこれらの産地を中心に分布している。渡島半島の頁岩が産出する地域や石狩平野・十勝平野・上川盆地などの平野部，そして道東の黒曜石産地を流れる常呂川・湧別川流域に遺跡群が形成されている。

約2万年前以降は，細石刃という幅1cm，長さ数cmほどのカミソリの刃のような小型の石器を主体とする石器文化が北海道島各地に分布する（コラム参照）。細石刃は，骨や木でつくられた軸に埋め込まれて植刃器という特殊な組み合わせ型の狩猟具として使用された。細石刃の分布は，当時の狩猟民がシベリアから太平洋沿岸，そして北アメリカへ移住・拡散した動きを反映したものと考えられている。北海道島で確認されている細石刃技術も北東アジア地域と共通する技術伝統をもっており，最終氷河期の後半に大陸から人類集団が到来した事実を明確に示す資料である。

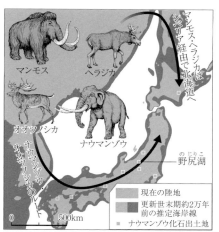
更新世に日本列島へ到来した2つの動物群

若葉の森遺跡（帯広市）出土の北海道最古の石器群

> **コラム** 細石刃技術と黒曜石の分布
>
> 　細石刃技術をもち北海道島に到達した人類集団は、黒曜石という天然ガラスや硬質頁岩という石器製作に適した石材を発見し、多様な手法で細石刃を製作した。北海道島東部の遠軽町白滝には大規模な黒曜石の露頭が知られており、周辺に分布する遺跡群は、当時の狩猟民が石器製作の材料として黒曜石を採取し、加工した場の痕跡である。北海道島の黒曜石で製作された石器は、サハリン島や本州北部の東北地方にも運ばれている。特定地域に産出する石材の広がりを追うことで、当時の集団が広域に移動する生活の様子を知ることができる。
>
>
> 細石刃
>
>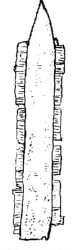
> 細石刃の使用例

遠軽町白滝の黒曜石の露頭

黒曜石産地の分布

2 縄文文化の始まり

環境変化と新たな文化の成立

1万2000年前頃から地球規模で気候の温暖化が進み、現在と同じような自然環境となった（完新世）。新たに形成された森林景観は、シカやイノシシなどの中・小型獣の棲息に適していた。狩猟対象である動物相の変化にあわせて、中・小型獣を狩猟するのに適した新たな狩猟具である弓矢が発明された。また、落葉広葉樹林のドングリやクリなどの堅果類、魚貝類などの水産資源を利用するために土器が出現した。土器の出現は、ロシア極東や日本列島、中国南部では1万6000年から1万3000年前にさかのぼり、世界最古の土器文化として知られている。

完新世に成立した新たな生活様式を、新石器文化と呼ぶ。本来、新石器文化とは定住集落を形成し、農耕や牧畜を食料生産の基盤とする文化を指す。西アジアでは、農業の出現に先駆けて約1万3000年前からナトゥーフ文化の時期に定住生活が始まり、やがて約1万年前に小麦が栽培され、ヒツジとヤギを飼育する農耕・牧畜に基盤をおいた生活様式が成立した。

一方東アジアでは、長江流域で約1万年前にイネを栽培する農耕が始まり、約8000年前の水田遺構が発見されている（彭頭山文化）。黄河流域では約9000年前にアワ・キビが栽培され、ブタが飼育されていた（裴李崗文化）。しかし、日本列島や北緯45度以北のシベリア・沿海州では、農耕・牧畜をともなわない狩猟・採集生活に基盤をおき、土器や漁労具など新たな文化要素を加えた独自の新石器文化が展開した。この日本列島における新石器文化を縄文文化と呼ぶ。

北海道島の縄文文化の成立

帯広市大正3遺跡から出土した約1万4000年前の土器は、日本列島の各地で発見されている最古の土器の仲間である（コラム参照）。縄文文化は、農耕をともなわない定住的な集落をもつ狩猟・採集民の社会で、人類史において類をみない独特の文化を発達させた。この縄文文化を生み出した人々は、旧石器文化の時期に大陸から渡来した人々の子孫である。

縄文文化は、土器の器形や器種構成、器面を飾る文様の特徴によって一般的に草創期・早期・前期・中期・後期・晩期の6つの時期に区分される。同じ縄文文化であっても時期ごとに集落の営みや墓のつくり方などに変化があり、一様ではない。

北海道島では、縄文文化を通じて石狩低地帯を境として土器の器形や文様、生活様式において東西に異なる文化が広がった。地域の文化伝統の違いの背景には、北海道島の南西部と北東部の間の植生の違いや、そこで営まれる生活様式の違いが反映されている。北海道島南西部の土器の特徴は、伝統的に津軽海峡を挟んだ本州島北部からの影響が強くみられる。一方で、北東部の土器には北海道島の独自の文化伝統がみられる。

縄文文化は日本列島内部で独自に発達した文化であるが、大陸との交流がまったく途切れたわけではない。約7000年前に北海道島の北東部を中心に石刃鏃と呼ばれる特徴的な石鏃をもった文化が広がる（コラム参照）。この石刃鏃は、バイカル湖周辺から東シベリアや中国東北部に広くみられる石器である。北海道島での石刃鏃の広がりは、完新世に入ったのちも大陸と北海道島との間に集団の移住や文化的な交流があり、大陸から新たな集団が北海道島へ渡来していたことを示している。

コラム 土器付着のおこげと食性の復元

　煮炊きに使用した土器の内面には，煮沸した食物の残滓(残りかす)が炭化して付着している場合がある。この「おこげ」に含まれている窒素と炭素の同位体の比率を調べると，煮炊きされた食料源が動物性か植物性か，また海洋性か内陸性なのかについての情報が得られる。大正3遺跡の1万4000年前の土器の付着物を，オランダの研究者らが分析した結果，遺跡においてサケなど海洋性の食料を煮炊きしたことが明らかにされている。

大正3遺跡出土土器(1万4000年前)

八千代A遺跡の集落(約7000年前)

コラム 海を渡ってきた石刃鏃

　バイカル湖から東シベリア，モンゴルそして中国東北部に8000年前から7000年前にかけて石刃を素材とした特殊な鏃をもつ文化が広がる。石刃鏃文化と呼ばれるこの文化は，各地で地域色豊かな土器をともなって発達した。砲弾型の石核を用意して，石刃を連続的に剥離し，各種の道具を製作している。他の縄文文化の石器づくりとは異なる技術伝統をもっている。北海道島では北東部を中心に遺跡が残されており，一部で道央部や噴火湾地域にもみられる。これらの石刃鏃を残した集団は，一時的に大陸からサハリン島を経由して北海道島へ移住し，その後，在地の縄文文化と融合したと考えられる。

石刃鏃(大正遺跡群)

石刃鏃をもつ遺跡の分布

❸ 縄文文化における人々の生活

縄文文化人の生活

縄文文化期の人々の生活は，集落や貝塚などの遺跡に残された出土資料から復元することができる。約1万2000年前の縄文草創期から5000年前の縄文前期にかけて残された福井県の鳥浜貝塚では，貝類や魚骨以外にもヒョウタン・エゴマ・リョクトウが出土しており，一部で植物の栽培も行われていた。北海道島にも，数多くの貝塚遺跡が残されている。約6000年前から5000年前に残された伊達市北黄金貝塚からは，ハマグリやカキが多く出土しており，ほぼ同じ時期に残された釧路市東釧路貝塚からはアサリが多く出土している。しかし，貝塚は単に食べたあとの残りかすを廃棄したゴミ捨て場ではない。貝塚には，死者を埋葬した墓がつくられ，墓域としても利用された。東釧路貝塚では，イルカやトドの骨を並べた周囲に，赤色顔料をふりかける呪術行為も行われていた。

住居としては竪穴住居が利用され，数軒を一単位として集落を構成していた。集落には住居や墓のほかに，食料を貯蔵する貯蔵穴や堅果類のアク抜きを行った水場も設けられていた。

そのほか，たとえば石狩市紅葉山49号遺跡では，縄文中期につくられたサケを捕獲するための柵がみつかっている。また，恵庭市カリンバ遺跡で発見された縄文後期の墓からは，サメの歯を加工した首飾りや漆塗りの櫛が出土し，当時の人々の着衣や装身具を知る手がかりとなっている。

縄文文化の精神世界

縄文文化の人々は，集落周辺の自然環境を持続的に活用し，1万年間にわたり，狩猟・採集に基盤をおいた生活を維持させた。周辺の天然資源に大きく依存する狩猟採集民の社会では，自然環境と生活環境とが融合した文化的な景観が構築される。縄文文化の人々が周囲の自然界をみずからの生活領域の一部とみていたことは，彼らが残した遺跡から出土する遺物や遺跡景観から知ることができる。

北海道島では，約3500年前の縄文文化の後期に各地で集団墓地がつくられる。礼文島の礼文町船泊遺跡では，貝製ビーズのネックレスを装着し，遠く新潟県から運ばれたヒスイ製の玉をともなった埋葬人骨が出土した。集落内では多量の貝製品が製作されていたと考えられる。小樽市の忍路環状列石はストーンサークルとも呼ばれ，高さ1m前後の石が半径30mの範囲に楕円形に配置されている。千歳市キウス周堤墓群は約3000年前につくられたドーナツ状の8基の集団墓地で，高さ1～5mほどの土手が半径18～75mの円形にめぐり，その内部に墓が設けられている。このような大規模な土木工事をともなった遺跡の構築は，一つの集落の構成員のみでは困難であり，いくつかの集落が協力して長い時間をかけた共同作業の結果である。

このほかにも，縄文文化の精神文化を特徴づけるものとして土偶や土面が知られている。土偶の用途や機能としては，護符や呪術が想定されている。北海道島でもさまざまな形態の土偶が発見されている。土偶には，細部に細かな装飾が施されているものがあり，その描写からは当時の人々の入れ墨や身体装飾，衣服を想定することもできる。北海道島から発見された土偶のなかでも函館市著保内野遺跡から出土した土偶は，中空土偶と呼ばれ，2007(平成19)年に国宝に指定された。また千歳市美々4遺跡から出土した動物を型どった土偶は，その脚ヒレの形状から海獣を表現したものと推測されるが，中が中空となっており，その用途は不明である。このように縄文文化は，周囲の自然環境をみずからの文化のなかに取り込み，融合させ，ユニークな精神文化を構築した点に，その独自性がある。

著保内野遺跡(縄文後期)出土の中空土偶

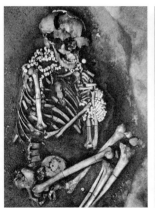
船泊遺跡(縄文後期)の墓(左)と出土した貝製品(右)

忍路環状列石(縄文後期)

千歳市ママチ遺跡(縄文晩期)出土の土面と墓標としての復元図

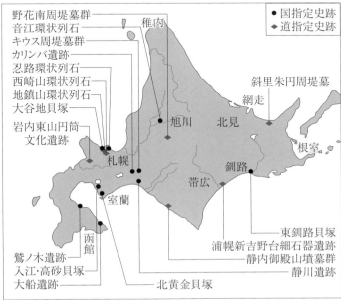
北海道島の主要縄文遺跡

美々4遺跡出土の動物土偶(縄文晩期)

❹ 弥生文化の成立と北海道島の「続縄文文化」

東アジアにおける国家の出現

食料生産の開始により集落の人口は増加し，社会組織は複雑化していった。西アジアでは紀元前3500年頃に，東アジアでは紀元前2000年頃に青銅器が利用され始める。青銅器時代の始まりである。人口の増加は生産物の集約化や交易活動を活発化させ，都市国家が出現する。メソポタミアでは，紀元前3500年頃にシュメール都市文明が成立した。

黄河流域では，紀元前2100年頃からみられる二里頭文化で都市や神殿が築かれている。東アジアの青銅器文化は夏および殷という王朝を成立させた。殷王朝は，紀元前11世紀に周王朝に交替し，やがて周も分裂して黄河流域は春秋・戦国時代に入る。紀元前221年，秦王の政は中原を統一し，最初の中国統一王朝の皇帝に即位し，始皇帝を名乗った。

弥生文化の成立

東アジアにおける水稲農耕は，日本列島にも波及した。岡山県総社市南溝手遺跡では，イネ科植物の化石（プラント・オパール）が発見され，少なくとも紀元前1500年頃には陸稲の栽培技術が西日本の縄文文化に伝わっていたと考えられる。水稲農耕の技術は，紀元前5世紀に大陸から九州北部に波及した。佐賀県唐津市菜畑遺跡や福岡県福岡市板付遺跡などでは，水田跡や炭化米，朝鮮半島から伝わった大陸系磨製石器がみつかっている。弥生文化の成立である。

弥生文化は急速に日本列島内に広がり，紀元前3世紀には本州島北端にまで到達した。青森県弘前市砂沢遺跡からは水田跡がみつかり，九州北部の遠賀川式土器が出土している。弥生文化には青銅製祭祀具や鉄製工具がともない，甕棺墓や木棺墓，石棺墓など，多様な墓制がみられる。かつて，弥生文化の担い手は大陸からの渡来集団と理解されてきた。しかし，近年では渡来集団の人口は多くはなく，弥生文化を担った集団の多くは在地の縄文文化人の子孫であったと考えられている。弥生土器は，甕・壺・高坏で構成されるが，装飾の違いにより地域性があり，前段階の縄文文化の地域性も受け継いでいる。

弥生文化期の北海道島

本州島北部まで波及した弥生文化は，北海道島には及ばず，引き続き狩猟・採集を基礎とした生活様式が維持された。土器の製作伝統の特徴から，この段階を「続縄文文化」と呼ぶ。「続縄文文化」には地域性がみられ，北海道島南部には恵山文化，東部に興津・下田ノ沢文化，北部には宇津内文化など，地域特有の文化が広がった。「続縄文文化」後半には，江別（後北）文化がしだいに北海道島全域に広がった。

「続縄文文化」では海洋資源の利用が進み，釣針や銛などの道具類が発達し，海獣狩猟や漁労活動が食料生産において大きな位置を占めた。「続縄文文化」の集団は，自ら金属器製作は行わなかったが，本州島以南の弥生社会との交易によって鉄製品を入手していた。

「続縄文文化」は，やがて千島列島や本州島北部にも広がった。サハリン島南部のアニワ文化にも，「続縄文文化」の影響をみることができる。また，サハリン島産の琥珀製玉類や佐渡島産の碧玉製管玉が，北海道島で出土する。一方で，北海道島産の黒曜石がサハリン島南部へ石器素材として運ばれている。伊達市有珠モシリ遺跡の墓からは，九州北部の弥生文化に由来する南海産のイモガイ製腕輪が出土しており，この時期に遠隔地間をつなぐ文化圏を越えた人とモノの動きが生じていた。

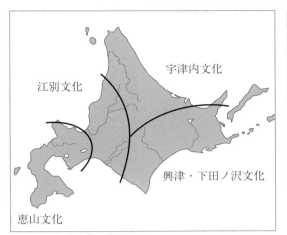

「続縄文文化」前半期の広がり

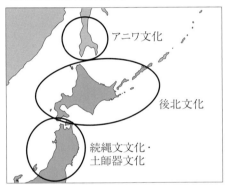

「続縄文文化」後半期の広がり

坊主山遺跡出土の江別式(後北式)土器(「続縄文文化」後半期)

有珠モシリ遺跡出土のイモガイ製腕輪

有珠モシリ遺跡出土のクマを彫刻したスプーン

滝里安井遺跡(芦別市)出土のクマ形石製品

コラム 「続縄文文化」という時代名称の問題点

　「続縄文文化」は、水稲農耕と弥生文化の伝統が波及しなかった北海道島の先史文化に対して、名づけられた文化名称である。しかし、この文化名称はこの文化の特徴を何ら説明したものではない。文化名称として定義された時点での意図は別としても、結果としてこの文化名称は、気候環境条件に基づく生業経済の地域的な違いを単に水稲農耕の受容と非受容、弥生文化伝統の受容と非受容という観点から区分するものとなっている。すなわち、地域独自の文化変遷が文化名称に反映されておらず、旧来の文化伝統が継続するという印象を与える用語となっている。このような点を、「稲作中心史観」であるとみなす批判もあり、この時期の誤った北海道島の先史文化を的確に説明する名称を今後検討していく必要がある。

⑤ 古墳文化と北海道島の古代文化

初期国家の形成と古墳文化

紀元前7世紀以降，ユーラシア大陸の草原地帯では，騎馬遊牧民による国家が形成された。騎馬民族による国家としては，紀元前7世紀に黒海から南ロシアの草原地帯に広がったスキタイや，紀元前4世紀頃に北アジアの草原地帯に成立した匈奴，中央アジアの烏孫，月氏などが知られている。紀元4世紀にはフン族がローマ帝国領内へ侵入するが，東アジアでは鮮卑に代表される五胡が華北へ侵入して晋を滅ぼし，南北朝時代が到来する。

このような大陸での政治的動乱を受けて，各地で国家形成の動きが生まれた。日本列島でも弥生文化の経済組織の変革が進み，さらに統合された政治組織が成立する。弥生文化の終末になると大きな墳丘をもつ墓が築かれ，3世紀中頃以降は大規模な前方後円墳が西日本を中心に築かれる。前方後円墳や前方後方墳などの古墳には，銅鏡をはじめとする呪術的な副葬品が埋葬された。

このような共通した墓制が日本列島の広い地域で広がった背景には，広域の政治連合の成立が想定されている。前方後円墳は4世紀末には東北南部に，5世紀には北上盆地にまで広がる。福島県会津市会津大塚山古墳や岩手県奥州市角塚古墳は，東北に広がった前方後円墳を代表するものである。以上のような，日本列島に古墳が築造された3世紀中頃から7世紀にかけての時期における文化を古墳文化と呼ぶ。

北海道島からの集団の南下と交流

古墳文化が日本列島各地に広がりをみせた3世紀から4世紀は，地球規模で気温が低下した。この時期は，古墳寒冷期と呼ばれる。青森まで達していた弥生文化は，その後，遺跡数が減少する。

一方で，北海道島の「続縄文文化」後半期の江別式（後北式）土器が太平洋側では宮城県において，日本海側では新潟県でもみつかっている。このような「続縄文文化」の本州島北部へ南下する現象は，鉄を求めて南下した北海道島の集団とヒグマの毛皮やアシカなど海獣の皮，北の水産資源を求めた本州島北部の弥生文化や古墳文化の集団との間の活発な交流と接触を反映したものと考えられている。

北海道島でも，この時期の活発な交流を反映して自家消費の規模を超えたサケなどの集約的な漁業活動の痕跡がみつかっている。現在の札幌駅構内で調査された札幌市のK135遺跡では，捕獲された多量のサケの骨とともに，東北地方の弥生土器やサハリン島に由来する鈴谷式土器がみつかっている。また北海道大学構内のK39遺跡（ポプラ並木東地点）でみつかった「続縄文文化」後半期の墓からは，東北地方で製作された管玉が副葬品として出土している。また余市町のフゴッペ洞窟には，洞窟内部の壁面に人物や船などが描かれた線刻画がみつかっている。

「続縄文文化」後半期の遺跡では，墓がみつかる一方で，安定した竪穴住居をもつ集落跡がみつかる例が少ない。このことから当時の集団は，季節的な資源の分布と交易に生活の基盤をおいた生活様式を採用し，夏と冬の季節移動または頻繁に居住地移動を繰り返す遊動性の高い生活を行う集団であったと考えられる。一般に行動領域の大きな集団は，隣接する他の文化集団と接触する機会が多い。このような集団接触は，集団間の資源交換をともなう交易活動を生み出す要因となった。また，集団間の交流は人と情報の交流を促進し，結果として文化の変容や統合を引き起こしたと考えられる。

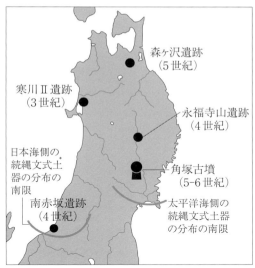

東北北部への「続縄文文化」の南下

最北の前方後円墳である角塚古墳

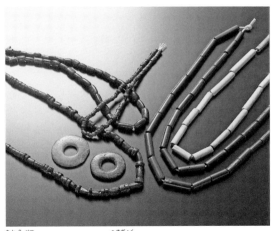

元江別1遺跡(江別市)の碧玉製の管玉

フゴッペ洞窟(余市町,上)と洞窟内に描かれた線刻画(下)

寒川Ⅱ遺跡出土の弥生土器(左端前)と続縄文土器

❻ オホーツク文化と擦文文化

オホーツク海沿岸における人々の動き

「続縄文文化」の江別式（後北式）土器や北大式土器が本州島北部へ広がった時期には，サハリン島から北海道島へ南下する集団の動きもみられた。北海道島北部沿岸や日本海沿岸でみつかる鈴谷式土器の分布は，北からの集団移動を反映したものである。北からの文化は，6世紀に入ると，さらに明確になり，オホーツク文化がサハリン島から北海道島のオホーツク海沿岸や日本海沿岸に広がる。オホーツク文化とは，ニシンやホッケなどを捕獲する漁労活動とトドやアシカ，アザラシやオットセイなどの海棲ほ乳類の狩猟活動に生活の基盤をおいた海洋狩猟・採集民の文化である。住居や墓制，土器製作の伝統に大陸文化の強い影響がみられるほか，セイウチなどの牙を素材にした女性像やクマや海獣の彫像など特異な信仰体系をもっていた。

オホーツク文化の遺跡は日本海沿岸の奥尻島にまで分布し，交易活動は本州島北部にまで及んでいた。オホーツク海沿岸にも枝幸町の目梨泊遺跡や網走市のモヨロ貝塚，根室市の弁天島遺跡など，いくつかの拠点的な集落が知られている。7世紀以降には千島列島にも生活域が広がる。オホーツク文化が南への広がりをみせた背景には，本州島北部の古墳文化や古代ヤマト国家との交易活動が想定されている。また，オホーツク文化の遺跡からは，青銅製品や錫製品がみつかっており，これらの製品はアムール川下流域を経由して中国東北部から入手されたものである。

擦文文化の成立と文化圏の広がり

5世紀に本州島北部へ広がった古墳文化は，日本列島中央部からの集団移住をともなっており，7世紀には本州島北部に，エミシ文化と呼ばれる独自の地域色豊かな文化を成立させる。7世紀末には，このエミシ文化をもつ集団の一部が北海道島中央部へ移住する。この移住の動きは9世紀頃まで継続する。本州島北部から移住した集団は，北海道式古墳と呼ばれる独自の墓制や竈をもつ竪穴住居，食膳具のセットなど，新たな文化伝統を北海道島にもち込んだ。

南からの強い文化的な影響を受けて，北海道島中央部から西南部において擦文文化という新たな文化が成立する。擦文文化はその住居や土器製作の伝統において，本州島北部のエミシ文化の影響がみられ，それ以前の「続縄文文化」の生活様式とは大きく異なる。サケやシカを対象とした狩猟・採集活動に加えて雑穀栽培を行うなど，食料生産活動にも大きな変化が生じた。擦文文化は，10世紀以降に北海道島北部や東部にも拡大し，沿岸部ではオホーツク文化集団とも接触する。2つの文化集団の接触は，北海道島北部と東部でそれぞれ異なる様相の文化的な融合を示している。北部では元地式土器をもった文化が成立するが，その細かい様相はまだ十分に明らかとなっていない。東部で生じた文化は，住居内施設や土器製作の伝統に2つの文化要素が混合したトビニタイ文化として現れる（コラム参照）。文化における融合は，集団的な融合がこの時期に生じたことを示唆している。近年では，分子遺伝学の研究においても2つの集団の融合が生じていた結果が示されている。

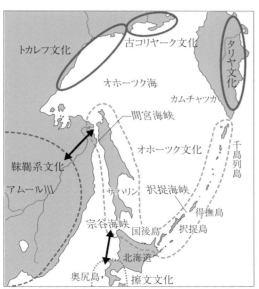
オホーツク文化の広がり

礼文島で出土した牙製婦人像

湧別川西遺跡出土の牙製クマ像

北海道式古墳(江別市後藤遺跡)

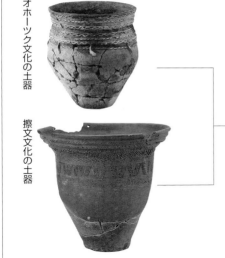
オホーツク文化の土器
擦文文化の土器

トビニタイ文化の土器

コラム 融合する2つの文化伝統と民族形成

　オホーツク文化と擦文文化の文化伝統の融合は，北海道島東部においてトビニタイ文化として現れている。この文化伝統の融合の背景には，集団間の融合がある。オホーツク文化と擦文文化のあとには，13世紀以降に歴史段階としての「アイヌ文化」が成立する。近年の分子遺伝学研究では，アイヌ民族のDNAのなかに在地の縄文文化や「続縄文文化」の集団にはない遺伝子配列のパターンがみられることが指摘されている。この外来の遺伝子の要素をもたらしたのは，オホーツク文化集団と考えられている。これまでもアイヌの形成過程にオホーツク文化が深く関与していた可能性は，クマ儀礼などからも推測されてきたが，今後はさらに複雑な形成過程を想定していく必要性がある。

第 1 部　アイヌ形成に至る歴史

Self Study　考えてみよう！

1. 人類の歴史は，生物学的な側面と文化的な側面から明らかにされてきた。集団のアイデンティティとして示される民族という意識には，生物学的な側面と文化的な側面のいずれの要素が大きく作用していると考えられるであろうか。

2. 北海道島の歴史は，本州島以南とは別の独自の歴史をたどってきた。北海道島の歴史の独自性は，北海道島の自然環境や周辺地域の関係からどのように説明することができるであろうか。

3. 6 世紀以降の北海道島には，東と西に異なる生活文化と精神文化をもった集団が共存していた。それぞれの集団の自然環境の利用の仕方を比較して，そのような文化伝統が成立した背景を考えてみよう。

4. 地域の博物館や資料館において，北海道島の先史文化が本州島の歴史とどのように比較され，解説されているのかを確認してみよう。

1

2

3

4

参考文献

榎森進・関秀志ほか　『北海道の歴史（上）古代・中世・近世編』北海道新聞社，2011 年
関口明・桑原真人ほか　『アイヌ民族の歴史』山川出版社，2015 年
瀬川拓郎　『アイヌ学入門』講談社現代新書，2015 年
関根達人　『モノから見たアイヌ文化史』吉川弘文館，2016 年
北海道史研究協議会編　『北海道史事典』北海道出版企画センター，2016 年

第2部　北海道島におけるアイヌの形成

　本州島以南の地域では，武士の力が台頭し，武家政権が成立する時期に入る。日本史の枠組みでは，平氏政権が成立する平安時代末期から戦国時代末期（安土桃山時代末期）までを中世と呼んでいる。

　北海道島においてもこの時期に文化的に大きな変化が生じている。東北北部の平泉政権が滅亡し，本州島において鎌倉幕府が成立する12世紀末の頃から北海道島と本州島東部との間では，人やモノの交流が活発となる。その結果として，北海道島には，交易品として鉄製品や陶磁器・漆器が大量に流入するようになる。この影響を受けて，従来の伝統的な土器の製作技術は，陶磁器や漆器とともに流入した食膳具の伝統におきかわる。この生活様式の変化にともない，住居の様式も竈をもつ竪穴住居から炉をもった平地住居に変化していく。この新たに登場した平地住居は，のちのアイヌ文化の伝統的な住居であるチセの原型となった。この擦文文化の終末から新たな文化段階への移行期を経て形成された文化伝統を，考古学では「アイヌ文化（期）」と呼んでいる。

　北海道島において生じた大きな文化的な変化は，集団に経済的な側面のみではなく，社会的な側面においても変化を生み出した。この時期を契機として，近世期のアイヌにつながる集団的・文化的アイデンティティが形成されていった。北海道島の歴史において，この時期は民族の形成期の時代といえる。

　この時代に日本海沿岸に活発化する商品流通経済とかかわりながら，北海道島のアイヌ社会の経済活動は活性化し，アイヌの居住圏も北や東へと拡大した。この時期のアイヌの居住域は，北はサハリン島，東は千島列島にも広がっている。同時期に北東アジアでは，12世紀頃に女真族が金朝を打ち立て，13世紀から14世紀初頭にかけては元朝がアムール川下流域に勢力を伸ばした。15世紀に入ると，明朝が同様にアムール川下流域に勢力を広げる。元や明は周辺の住民と朝貢関係を結んだ。この時期の元や明の史料には，アイヌについての記述もみられる。元の史料の記述によれば，アイヌのサハリン島での活発な経済交流は，時に他の地域集団との間に衝突や戦闘も生じさせたようである。

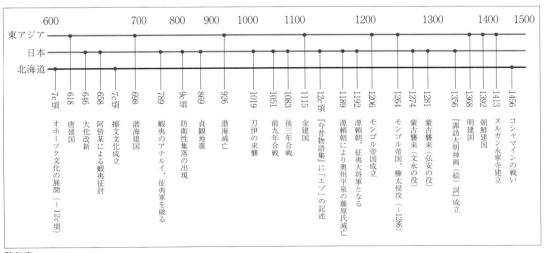

略年表

第1章　東アジアのなかのアイヌ

❶「エミシ」から「エゾ」へ

「エミシ」と呼ばれた人々　7世紀の斉明天皇(594-661)による阿倍比羅夫(生没年不詳)、9世紀の桓武天皇(737-806)による坂上田村麻呂(758-811)の派兵の際に、その制圧対象となった人々は「蝦夷」(エミシ)と呼ばれた。彼らは現在の東北地方北部に居住し、中央の王権に服属しない人々であり、「化外の民」や「まつろわぬ人々」という意味であった。したがって、この「蝦夷」(エミシ)という名称は古代日本社会において民族名を表したものではない。

「エミシ」について『日本書紀』の神武紀では、「一人百人」と表現されており、「一人で百人に匹敵する強者」と解釈され、当時の人々が彼らを強くて恐ろしい者として認識していた。万葉仮名では「愛瀰詩」と表記されるが、7世紀頃まで「毛人」と記されるのが一般的であった。倭の五王の一人である「武」の上表文にみられる「毛人」がそれであり、蘇我蝦夷(?-645)も「毛人」であった。「毛人」は、古代中国の地理書『山海経』にみられ、世界の東の果てに住む人々とされる。「毛人」はそこからの転用であり、当時の中国の世界観を背景にしたものと推測できる。ちなみに、「羽人」との表記もあり、東北地方の日本海側を「出羽」と呼ぶようになったのはこれに由来する。

「蝦夷」について　7世紀後半から、現在の東北地方北部に住む人々の表記は、「蝦夷」へと変化する。そこには、当時の東アジア情勢が影響していた。隋・唐の出現により、新たな東アジア秩序が形成される。朝鮮半島では緊張関係が高まり、唐と結んだ新羅が強大化し、高句麗・百済を圧迫した。やがて、百済からの救援要請に対して斉明天皇は援軍を送るが、663(天智天皇2)年の白村江の戦いで唐と新羅の連合軍に大敗した。これ以降、日本は唐帝国に対抗する「小帝国」の建設に着手していった。律令国家を建設するなかで、「中華思想」の導入をはかるために、自国周辺に「夷狄」の存在が必要となり、「蝦夷」の表記への転換がはかられた(コラム参照)。

平安時代末期以降には、蝦夷は異なる民族を示す用語となる。そこには7世紀後半から続く「化外の民」や「まつろわぬ人々」という差別的な意味が含まれていた。

「防御性集落」の存在　10世紀から12世紀にかけて、北緯40度以北の本州島北部と北海道島南部に「防御性集落」が出現する。集落の形状は、大きく分けて、比較的大規模な集落全体を濠と土塁で囲むものと、丘陵や山上に立地し、その急斜面を防御に活用するものに大別できる。特に集落側に濠が設けられ、その外側に土塁を構築している。八戸市林ノ前遺跡からは、後手に縛られた状態の人骨や下顎のない頭骨が出土している。このことから、当時、この地域が集落間で対立する抗争の時代にあったことがわかる。抗争の原因としては、生産力の向上にともなう支配者層の成長と、集落間での対立や同盟関係の展開が考えられる。

北海道島南部では、本州島との交易の活発化により、鉄製品やコメへの依存が高まり、交易利益をめぐる集団間での対立が激化した。2世紀後半以降、西日本の弥生社会では「倭国大乱」と呼ばれる社会的状況が生じたが、この時期の本州島北部と北海道島南部では、「北の大乱」とも呼べる状況が生じていた可能性がある。

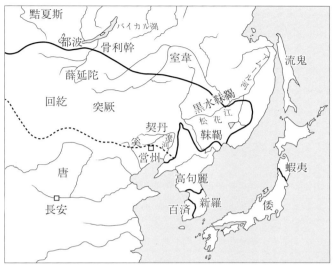

7世紀の東アジア （菊池俊彦『環オホーツク海古代文化の研究』北海道大学図書刊行会，2004年より）

コラム 阿倍比羅夫の遠征

『日本書紀』によれば，658(斉明天皇4)年4月に阿倍比羅夫が軍船180艘を率いて，日本海伝いに遠征した。齶田と渟代の蝦夷は服属し，比羅夫は，有間浜(場所不明)で渡島の蝦夷を集め，饗応(接待)をしたとある。同じ年に比羅夫は粛慎から生きたヒグマ2頭とヒグマの毛皮70枚を得たという。659(斉明天皇5)年3月，比羅夫は再び遠征し，飽田・渟代の蝦夷，津軽の蝦夷，膽振鉏の蝦夷を饗応した。さらに肉入籠へ行き，後方羊蹄に郡領をおいたと記録は伝える。660(斉明天皇6)年3月，比羅夫は200艘の船団を率いて粛慎を攻めた。なお，阿倍比羅夫について，『日本書紀』では「阿倍臣(名を闕せり)」と記述されている。

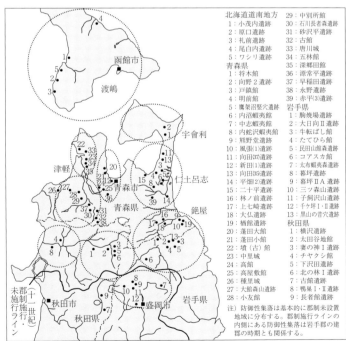

渡島半島・東北北部の防御性集落の分布 （三浦圭介ほか編著『北の防御性集落と激動の時代』（株）同成社，2006年より）

集落の周りを濠が囲む林ノ前遺跡

2 文献史料にみえる「エゾ」

文学や記録にみえる「エゾ」

古代の律令国家の支配は、本州島の北端まで確実に支配が及んではいなかった。そのため、「エミシ」に関する情報も具体的なものではなかった。平安時代になってもその状況に大きな変化はなかったが、11世紀の中頃に状況が変化する。1051(永承6)年から1062(康平5)年の前九年合戦と1083(永保3)年から1087(寛治元)年の後三年合戦によって東北地方の軍事的な緊張が高まった。このことが、貴族たちに北方に対する関心を高めた。この時期の文学作品には「エビス」という表現が登場している。

これに続いて「エゾ」という表記が出現する。年代が推定できる記述として最も古い「エゾ」の表記は、12世紀に成立したとされる『今昔物語集』にみえる。前九年合戦で滅ぼされた安倍頼時(？－1057)の子は、捕えられて筑紫に流刑にされ、出家して宗任法師と名乗っていた。宗任法師から聞いた話を書き記したなかで、「エゾ」という表記がみえる。「エビス」から「エゾ」への変化がなぜ起きたのかについては、まだわかっていない。ただし、「エゾ」という語は、青森県の津軽地方、およびそれより北の地域を示している。貴族たちの認識が、より北に伸びていくことと「エゾ」という表記の出現には、なんらかの関係があるのかもしれない。

当時読まれた藤原顕輔(1090－1155)の『顕輔集』や『夫木和歌抄』の和歌に登場する「エゾ」についての描写からは、近世のアイヌの文化を連想させる内容を読みとることができる。『顕輔集』の「とくきのや」とは、「毒(の)木の矢」を指しており、近世のアイヌが使用したトリカブトの矢毒に対比することができる。また「千島」という地名は、北方の地域との関連をうかがわせる。

中世後期の蝦夷が島

鎌倉時代の中世前期は、蝦夷の地を国の外の地域として、高麗などと同様にみる観念があったことがわかる。第2部第2章で取りあげる『諏訪大明神画(絵)詞』でも、朝鮮半島や蒙古(モンゴル帝国)と並べて、「蝦夷が島」が取りあげられている。

ところが中世後期になると、国の外の地域としていた「蝦夷が島」を通商の範囲とする例が出現してくる。たとえば、安寿と厨子王の物語で有名な説教節の『さんせう大夫』では、姉の安寿と弟の厨子王の母親は、船頭によって「蝦夷が島」へ売られてしまう。海上交通の発達が、「蝦夷が島」に対する認識を、国の外の地域から通商の圏内へと変貌させているのである。その背景には、のちに紹介する津軽安藤氏の活動や、サハリン島(樺太)での元朝・明朝との朝貢交易の拡大があった。

このような「蝦夷が島」との交流の拡大を反映したと思われるのが、1471年に朝鮮王朝で成立した『海東諸国紀』に記された「夷嶋」である。「陸奥」の北側は「夷地」と記され、それと隣りあって広大な「津軽大里」が位置している。さらに海を隔てて「夷嶋」が存在する。この地図は、北海道を地図上に表記した地図としては最も古い。日本で描かれた原図を写したと思われ、この時期には「蝦夷が島」についての認識が深まっていたことがわかる。

『海東諸国紀』

史料

◆『堤中納言物語』「逢坂越えぬ権中納言」
　宰相の君の消息し給へれば，…(中略)…なまめかしう心深げに聞こえつづけ給ふ事どもは，奥のえびすも思い知りぬべし。
　現代語訳：宰相の君に取り次ぎをお求めになったところ，…(中略)…優美に，思慮深くおっしゃられることは，陸奥にいる蝦夷であっても，身にしみてわかるに違いない。

◆『今昔物語集』巻31「安倍頼時胡国へ行きて空しく帰りたること」
　今昔。陸奥国に安倍の頼時と云ふ兵有けり。其の国の奥に夷と云ふ者有て。
　現代語訳：昔々のこと。陸奥の国に安倍頼時という武士がいた。さらにその国の奥には蝦夷という者がいた。

◆『顕輔集』　藤原顕輔(1090－1155)
　浅ましや千島のえぞのつくるなるとくきのやこそ隙はもるなれ
　現代語訳：情けない。千島の蝦夷が作る毒矢は鎧の隙間を狙って射るように，わずかな隙にあの人の心を他の男に取られてしまった。

◆『夫木和歌抄』巻第十一：秋二　西行法師(1118－90)
　こさ吹かば曇りもぞするみちのくのえぞには見せじ秋の夜の月
　現代語訳：陸奥ではこさ(蝦夷の人の吐く息)によって空が曇ってしまうということなので，秋の夜の月を眺めることはできないだろう。

◆『さんせう大夫』
　船頭このよし聞くよりも，「なにと申すぞ。一人こそは損にするとも，二人までは損にはすまい」とて，持ちたる櫂にて打ち伏せ，船梁に結いつけて，蝦夷が島へぞ売ったりけり。
　現代語訳：船頭はこれを聞いて「何を言うか，1人は死なせてしまったが，2人も死なせるものか」と言って，持っていた櫂で母親を打ち倒し，船梁(船の左右の外板を支える梁)に縛り付け，蝦夷が島に売り払ってしまったのであった。

コラム　蝦夷と日本・天皇

　中華思想とは，中心となる国家を唯一文明が発達したものとし，その周辺に野蛮な地域を設定するものである。北に「北狄」，東に「東夷」を，南には「南蛮」を，そして西には「西戎」と呼ぶ蕃族を配置することで，中心となる自らの権威をより高めることをねらった思想である。『後漢書』東夷伝とは，まさに中華思想に基づいたもので，後漢が「中華」であり，「倭国」が東夷となる。7世紀後半の東アジアにおける緊迫した情勢のなかで，日本は唐に対抗するために小帝国をめざした。そのために中華思想を導入し，そこから「蝦夷」の存在が必要となったといえる。興味深いのは，その頃に国号としての「日本」と「天皇」号が成立したとされることである。西の唐帝国に対して，東の帝国，つまり日が昇る帝国として「日本」号が成立する。本来，北極星を示す「天皇大帝」から，中国は「皇帝」号を採用するが，日本では「天皇」号が使用される。したがって，それ以前では「日本」も「天皇」も存在しないことになる。701(大宝元)年の元日，天皇は「蕃夷」からの朝賀を受けている。710(和銅3)年には蝦夷が参列していることが『続日本紀』に明記されている。唐帝国に対抗するための小帝国「日本」にとっては，蝦夷が必要であった。さらには，天皇の権威づけにおいても，蝦夷の存在が必要であったと考えられる。単に蔑視された人々といったとらえ方だけでなく，日本にとっての蝦夷，天皇にとっての蝦夷とはなにかという視点が求められよう。

❸「中世のアイヌ」文化

擦文文化の終末と「アイヌ文化期」の成立

当初，北海道島西部に生活圏をもった擦文文化の集団は，経済交易活動を通じて北海道島北東部の沿岸域に居住するオホーツク文化の集団と接触するようになる。やがて，北海道島北東部へ進出した擦文文化の集団は，オホーツク文化の集団と文化的・集団的に融合しながら北海道島全域に広がる。生活領域を拡大させた擦文文化の集団の足跡は，サハリン島南部や千島列島から出土する土器などでも確認されている。

擦文文化は，その文化圏を拡大させると同時に，本州島の和人との交易を通じて鉄製品や陶磁器・漆器を入手し，伝統的な生活文化を変容させていく。特に豊富な鋤や鍬などの農具，刀や刀子などの武器や工具などの鉄製品の獲得は，それまでの生活様式に大きな変化を及ぼした。鉄製利器の普及とともに石器利用の伝統は消滅し，調理具としての深鉢や坏などの土器類は，鉄鍋や陶磁器・漆器など新たな食膳具に置き換えられた。生活様式の変化は，住居構造にも影響を及ぼしました。竈付の竪穴住居は，調理具と調理方法の変化にともない，炉をもった平地住居に変化した。札前遺跡（松前町）では，擦文文化終末期の平地住居が確認されている。このような平地住居は，しだいに北海道島各地へ広がり，のちのアイヌ文化における伝統的な家屋であるチセの原型となった。

アイヌの居住域の拡大

サハリン島南部からは，11世紀の擦文土器の破片が出土している。このことは，11世紀以降にアイヌが北海道島からサハリン島へ移住し始めたことを示唆している。その後，アイヌの生活領域の拡大は，15世紀に千島列島南部へ広がり，17，18世紀には千島列島北部に至る。中世は，アイヌがその領域を北や北東に拡大した時代であったといえる。

アイヌ独自の世界観の形成

アイヌの伝統的な家屋であるチセの空間には，独特の構造がある。チセの中心に炉が設けられ，神窓の位置，家族の座り位置などの空間配置は，アイヌの精神文化と深く結びついている。したがって，チセの出現は，アイヌの精神文化の形成を考えるうえで重要な意味をもつ。

アイヌを代表する儀礼の一つに，イオマンテ（霊送り儀礼）がある。イオマンテとは，クマなどの姿で人間の世界に遊びにきた神々を，再び神々の世界に送り返すための儀礼である。クマのイオマンテが広く知られているが，本来，クマ以外の動物もイオマンテの対象となる。このイオマンテの成立時期は，まだ明らかになっていない。

文献資料に登場する最も古い記録は，17世紀のオランダ人探検家のデ・フリース（1589－1647）が，サハリン島のタライカ湾で目撃したものである。考古学的には，オホーツク文化におけるクマなどの動物儀礼が知られており，特にオホーツク文化では竪穴住居の一角にクマの頭骨などを積み上げた祭壇が残されている。また，知床半島では，チャシコツ岬下B遺跡（斜里町）において，11世紀と推定されるクマの四肢骨を集積した屋外儀礼の跡がみつかっている。同じく知床半島のオタフク岩遺跡（羅臼町）では，11世紀から12世紀頃のクマ儀礼の跡がみつかっている。アイヌ文化の成立過程を考えるうえでは，社会経済的な変化のみでなく，世界観と深く結びつく精神文化における文化伝統の変化を明らかにすることも重要である。

入舟遺跡(余市町)出土の漆器

二風谷遺跡(平取町)出土陶磁器

鉄鍋

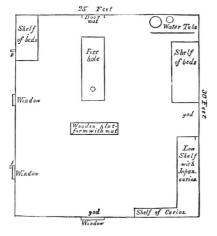

イサベラ・バードが記録したチセの内部(左)と日本語訳(右)

チセの内部

クマの霊送りの図(『蝦夷島奇観』より)

チャシコツ岬下B遺跡で確認されたクマ儀礼の跡(11世紀)

第2部　北海道島におけるアイヌの形成

第2章　アイヌの交易と抵抗

❶ 鎌倉幕府の成立とアイヌ

鎌倉幕府による東北支配　前九年合戦と後三年合戦を経て，平泉を中心に陸奥国と出羽国に勢力を張った奥州藤原氏は，1189(文治5)年に源頼朝(1147-99)によって滅ぼされた。

　鎌倉幕府はその支配領域に地頭をおき，荘園・公領を管理・支配していった。1217(建保5)年に北条義時(1163-1224)が陸奥守となると，東北地方は執権である北条氏の支配下におかれるようになった。北条氏は，現在の青森県にあたる地域の地頭となったが，北条氏に仕える得宗被官(北条氏直属の家人)として，実際にこの地域の支配を担ったのが津軽半島の十三湊に根拠地をおいた安藤(安東)氏である。

　安藤氏は，将軍が東夷成敗権に基づいて囚人を夷島へ流刑するにあたっての現地での執行者でもあった。また安藤氏は「蝦夷管領」と称して北条得宗家の委託を受け，交易船からの収益を徴税し，アイヌとの交易権である「蝦夷の沙汰」をもっていた。アイヌとの交易の利益を独占していた安藤氏は，得宗被官であったにもかかわらず，鎌倉幕府が滅びたのちも勢力を保持している。「蝦夷管領」という官職は実際にあったわけではないが，安藤氏がアイヌとの関係で独自の地位をもっていたことを示している。

『諏訪大明神画(絵)詞』に描かれたアイヌ　1356(正平11／延文元)年に成立した『諏訪大明神画(絵)詞』は，諏訪社の神が日本各地でさまざまな奇跡を起こしたことを記している。これには，日ノ本・唐子・渡党という3つの蝦夷についての記述がみられる(史料参照)。このうち，日ノ本と唐子は言葉が通じないが，渡党はほぼ通じるとされている。

　日ノ本とは北海道島東部のアイヌを指し，唐子とは北海道島西部のアイヌを指していたと考えられている。また，渡党とは本州島からの移住者の子孫を指していたと考えられる。唐子の唐とは中国のことである。この当時，サハリン島には元朝が進出しており，唐子という呼び名がつけられた理由には，サハリン島への中国王朝の進出が影響している可能性が指摘されている。また宇曽利鶴子別や前堂宇満伊犬などの北海道島の渡島半島南部を想起させる地名(それぞれ現在の函館や松前)が記されており，これらの記述から，当時の北海道島の状況が本州島側の人々に知られてきていることがわかる。

　文化についての記述もみられ，木を削ってつくる幣帛のようなものが記されており，これは近世アイヌにみられるイナウを指していると思われる。また，毒矢の存在についても記述されている。このように『諏訪大明神画(絵)詞』の記述からは，のちのアイヌ文化につながる文化伝統の記述がみられる一方で，当時の北海道島に暮らす集団内部の言語においても地域性があったことを知ることができる。

北の倭寇の世界　モンゴル帝国がユーラシア大陸を支配した時代には，アイヌも活発な毛皮交易を行っており，アムール川下流域・サハリン島との遠隔地交易の担い手として活躍していた。もちろん，そこにはアイヌだけでなく，和人やサハリン島北部の先住民族であるニヴフなども入りまじって行動していたのであろう。その意味で，この時代に西海で活動していた倭寇になぞらえて，この時期のアイヌ・和人・ニヴフなどを「北の倭寇」と呼ぶこともある。

史料 『諏訪大明神画(絵)詞』 ※写本によって若干の表記揺れがある。

- ◆蝦夷が千島と云へるは，我国の東北に当て大海の中央にあり。日ノモト・唐子・渡党，此三類各三百三十三の島に群居せりと。
- ◆一島は渡党に混ず，其内に宇曽利鶴子別と前堂宇満伊犬と云小島どもあり。此種類は多く奥州津軽外の浜に往来交易す。
- ◆日ノ本・唐子の二類は其地外国に連て(中略)禽獣・魚肉等を食として，五穀の農耕を知ず，九沢(訳)を重ぬとも(どんなに通訳しても)語話を通じ竪(難)し。
- ◆渡党は和国の人に相類せり。(中略)言語俚野也(言葉が田舎じみている)と云ども大半は相通ず。
- ◆戦場に望む時は丈夫は甲冑・弓矢を帯して前陣に進み，婦人は後塵に随て木を削て弊幣の如くにして，天に向て誦呪(祈りをささげる)の体あり。
- ◆男女共に山壑を経過すと云ども乗馬を用ず。(中略)彼等が用る所の箭(矢)は遺骨を鏃として毒薬をぬり，纔に皮膚に触れば其人斃ずと云事なし(死なないということはない)。

コラム inau(イナウ)とはなにか

イナウはアイヌの祭具であり，カムイ(神)と人間とを取りもつ役割とされる。1本の木からつくり出され，さまざまな形状がある。祈りに際して神に捧げられたり，魔物を追い払ったり，家を守る神として祀ったりするなどの用法がある。下図は，江戸時代に描かれたイナウである。

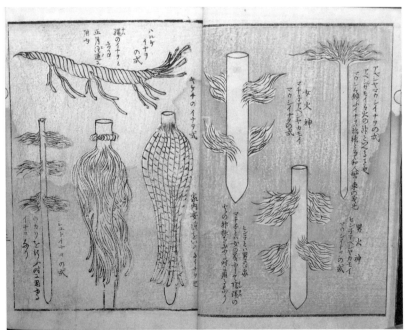

アイヌのイナウ(松浦武四郎『蝦夷漫画』より)

❷ 「北からの蒙古襲来」とその背景

大モンゴルの時代　モンゴル帝国は，かつては残虐な侵略者として描かれてきた。それは，モンゴル帝国の侵略を受けたロシアや東欧諸国で著しい。2度にわたる元寇を経験した日本も同様であった。しかし，最近の研究では，モンゴルは殺戮を行ったが，それはあくまで抵抗した場合に限られ，最初から降伏の意志を表した者に対しては，税金を納めることを条件に，それまでの生活を認めたことがわかってきた。モンゴル帝国に従った者は，少額の商税を納めるだけで，モンゴル帝国の交易ネットワークのなかで交易を行うことができた。このような繁栄の時代を，「大モンゴルの時代」と呼ぶこともある。

モンゴル帝国・元朝のサハリン進出　中国の史料に，アムール川下流域に関する記載が現れるのは金朝の時代である。アムール川の下流域にある現在のティル村は，かつてはヌルガン（奴児干）と呼ばれ，金代にヌルガン城が設けられた。その後も元代には東征元帥府がおかれ，明代にはヌルガン都司がおかれるなど，一貫してアムール川下流域の支配の中心であった。1234年に金朝が滅亡したあと，モンゴル帝国がこの地域を支配下におく。モンゴル帝国が，いつ頃からアムール川下流域からサハリン島にかけての地域に勢力を伸ばしたのかについて，記述した史料は残されていない。おそらく，1260年のフビライ・ハン（1215−94）の即位後と考えられる。

「北からの蒙古襲来」　元代の史料に最初にアイヌを指すと思われる記述が現れるのは，『元史』の1264年の記事である。それによれば，モンゴル帝国は骨嵬が吉里迷の領域に侵入するのを防ぐために，骨嵬を攻撃したとある。骨嵬とはアイヌのことであり，オルチャ語などのツングース諸語，それにニヴフ語などで，アイヌを意味する kuyi〜kuyi〜kui に漢字の音を当てたものである。吉里迷とは，吉烈滅や吉列迷とも書き，アムール川下流域からサハリン島に住む漁労民のギリヤーク（現在のニヴフの旧称）を指していると思われる。元朝が次に骨嵬を攻撃したのは，1284年のことである。これに続いて元朝は，1285年と86年の3年連続して骨嵬を攻めている。この時に元軍はサハリン島に攻め込んだらしいことが，元朝側の史料からわかる。

　元軍の攻撃によって，アイヌの社会には動揺が広がったらしい。日蓮（1222−82）の文書に，1268（文永5）年頃に「俘囚をこり」と書かれていて，アイヌ社会の動揺が本州島にも及ぶほどであったことがわかる。このモンゴル帝国（元朝）のサハリン島侵攻とアイヌへの攻撃を，ほぼ同時期に九州を襲った蒙古襲来（元寇）と対比して，「北からの蒙古襲来」と呼ぶこともある。

モンゴルの交易ネットワークの拡大とアイヌ　1280年代の元朝がアムール川下流域へ進出した結果，テンやオコジョの毛皮や鷲の羽根などを主な交易品とする交易ネットワークがサハリン島にも及んだ。サハリン島では，アイヌがオコジョの毛皮をもってきて小屋におき，野人と呼ばれる人たちが中国の物資をもってきて交易する方法で，オコジョの毛皮の交易が行われていたと伝えられている。このように，両者が接触しないで交易を行う方法を沈黙交易と呼ぶ。こうした方法で交易が行われたのは，元朝とアイヌとの間に争いが続いていたためであろう。このようにアイヌは，北の元朝との交易と南の安藤氏との交易を仲立ちすることになった。この結果，アイヌは北東アジアの交易の主要な担い手となったのである。

元・明時代のアムール川下流域とサハリン
線はアイヌたちの移動経路を示す。

コラム 白主土城とは

　白主土城は，サハリン島南端のクリリオン岬の北方約2kmにある。白主土城は海岸段丘の上に築かれており，土城の北側・東側・南側を約100mの土塁で囲み，土塁の外側には空濠が掘られている。土塁の調査で，土塁が版築でできていることが明らかになっている。版築は，万里の長城にも用いられた中国の建築技術である。北海道島には版築の遺構が確認されていないので，白主土城は中国の技術で建造されたものということができる。ただし，白主土城の構築の時期は，今のところ明らかではない。サハリン島に元軍が設けた前進拠点の果夥が，白主土城にあたるのではないかという説もあるが，確証はない。

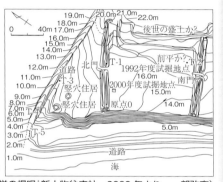

白主土城（前川要編『中世総合資料学の提唱』新人物往来社，2003年より，一部改変）

コラム 「元世祖出猟図」にみる毛皮の位置づけ

　右図のなかでフビライ・ハン（左）が着ている白いコートは，オコジョの冬の毛皮でつくられている。黒いまだらは，オコジョの尻尾である。『東方見聞録』を書いたマルコ・ポーロは，大ハンが年頭に催す大祭「白い宴」について次のように記している。「偉大なるカン，ならびに彼の臣下はすべて白い衣服を身につけるのが決まりであって，その日は男も女も，貧しい者も豊かな者も，皆が白い色に身をつつむ（中略）その年のあいだ喜びに満ち，幸運であるようにと願って，たがいに，白色の贈り物を交わし，接吻を交わし，喜びを尽くす」。この大祭において，フビライ・ハンはこの絵のような服を着ていたのであろう。

「元世祖出猟図」

史料 『日蓮聖人遺文』

「而るに去る文永五年の比，東に俘囚をこり，西には蒙古よりせめつかひつきぬ。」

　現代語訳：しかるに，去る文永5（1268）年の頃のことであるが，東からは蝦夷が動乱を起こし，西からはモンゴル帝国から責使（使節のこと）がやってきた。

　解　　説：1275（建治元）年に日蓮が書いた文章の一部である。1274年の文永の役のあとに書かれた文章で，蒙古襲来のなかでアイヌ社会の動揺があわせて記されている。

❸ 室町時代の産業の発達と十三湊

安藤氏の内乱と東アジア

1333(元弘3)年の鎌倉幕府の滅亡は，安藤氏の乱が一因となっている。1268(文永5)年頃に始まり，1328(嘉暦3)年まで続いた安藤氏の乱は，「蝦夷の大乱」「津軽大乱」とも呼ばれた。この安藤氏の乱の背景には，サハリン島における動向が大きく影響していると思われる。この内乱の最後の局面は，安藤氏の一族内の相続争いのようにみえるが，以前からのアイヌの動乱に起因して生じたものと考えられる。そして1264年や1284年以降に本格化するモンゴル帝国(元朝)の北からの急激な勢力拡大が，十三湊を拠点に北海道島からサハリン島に及ぶ交易網をみずからの存在基盤としていた安藤氏に大きな影響を与えずにはおかなかった。

海の武士団安藤氏とその活動

安藤氏の根拠地である十三湊は，日本海に面した天然の良港であり，日本全国に知られた三津七湊の一つとして知られていた。発掘によって，貿易陶磁器と呼ばれる中国製の青磁や白磁が大量に出土しており，この地域の海上交易の中心であったことがわかる。安藤氏は，鎌倉時代の多くの武士とは違い，惣領の力が弱いという特徴をもっていた。これは，同じ時期に西海で活動した松浦党と共通する特徴であり，両者がともに海の武士団であったことと関係している。

安藤氏の経済基盤を支えた交易は，北海道島からの海産物が大きな位置を占めていた。14世紀頃に成立した『庭訓往来』には各地の産物が記され，宇賀(現在の函館)の昆布や蝦夷の鮭も取りあげられている。この時代の鮭は，干鮭と呼ばれる乾燥した鮭であった。

安藤氏は，室町時代になってもその地位を守り，15世紀初頭に安藤氏の当主であった安藤盛季(？-1414)は，5代将軍の足利義量(1407-25)へ昆布やラッコ皮などを献上している。同じ時期に，北海道島の渡島半島南部に「道南十二館」と呼ばれる和人の交易の拠点が築かれるようになる。これらの館の主人は館主と呼ばれたが，彼らは安藤氏の家臣であった。館は軍事的な拠点であると同時に，経済活動の中心でもあった。函館市にある志濃里館の近くからは，約38万枚の中国製の銅銭が出土している。これほど大量ではないが，知内町の脇本館や上ノ国町の花沢館の周辺でも銅銭が出土している。

1414(応永22)年に安藤盛季が死ぬと，安藤氏は勢力が衰える。1432(永享4)年には，南部氏による侵攻を受けて，盛季の子である康季(生没年不詳)は十三湊を放棄し，北海道島へ逃亡する。その後，安藤氏は南部氏と幾度か戦うが，再び十三湊を取り戻すことはできなかった。

夷千島王からの使者

『朝鮮王朝実録』は，朝鮮王朝の歴代の国王の公式な記録である。『成宗実録』には1482(成宗13)年に，夷千島王遐叉の使節である宮内卿なる者が，文書を差し出して大蔵経を贈ってくれるように頼んだという議事が残っている。宮内卿は文書と一緒に，馬角や錦，昆布などを献上したと書かれている。朝鮮王朝は宮内卿を疑い，にせ者が使者を称しているのであろうと考えて，求めに応じなかった。宮内卿が願った大蔵経は当時の日本の有力寺院が争って求めたもので，高価な価格で取引された。

この遐叉と宮内卿が何者であるのかについては，さまざまな説が発表されている。そのなかには，対馬の勢力が遣わしたにせの使いであるという説や津軽安藤氏が派遣したのであろうという説，さらに遐叉とはコシャマインのことであろうとする説などがある。現在のところは，夷千島王の遐叉が何者であったかを明らかにすることはできない。

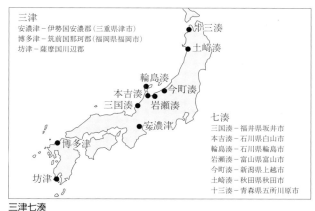

三津七湊

北からみた十三湊

復元された十三湊

十三湊と道南十二館の位置

> **史料** 『朝鮮王朝実録』の1482(成宗13)年の記事
>
> 　南閻浮州東海路夷千島王遐叉、朝鮮国王殿下に書を呈します。朕の国にはもともと仏法がなく、日本と通和して以来、仏法のあることを知り、三百年を経ました。日本にある仏像、経巻は総て所蔵しておりますが、日本には、元来、大蔵経はなく、したがって我が国にもありません。久しい間、貴国より求めたく思っておりましたが、海上はるか遠くて通信もとれず、そのままに打ち過ぎました。聞くところでは、貴国の仏法が日本に伝わり、さらに朕の国に伝わったとのことです。いわば、朕の国の仏法は貴国の仏法の東漸といえます。どうか大蔵経をお与え下さい。朕に三宝をすべて備えさせれば、貴国の王化・仏法は遠く東夷をおおうものとなります。もし下賜されたら献上物を厚くし使船を派遣いたします。朕の国は辺境にありますが、西端は貴国と接し、その地を野老浦といっております。その地は貴国の恩恵を蒙りながら、反乱を常としております。御命令次第征伐しその罪を罰します。朕の国民の言葉は貴国と異なるので、我が国に住んでいる日本人を使者といたしました。（以下略、海保嶺夫訳）

❹ 明のヌルガン都司経営とアイヌ

永楽帝の政策　明は中国史上，南からおこって中国を統一した唯一の王朝である。初代の洪武帝(1328-98)は，1368年に南京で皇帝につくと元の勢力を北に押し返した。このことをもって元の滅亡とし，それ以降を北元と呼んでいるが，モンゴル帝国としては南の領土を放棄したにすぎず，元が滅亡したわけではない。明では第2代の建文帝(1383-1402)の時に内乱がおき，叔父の燕王(1360-1424)が即位した。これが第3代の永楽帝である。永楽帝は，みずから軍を率いて万里の長城を越え，モンゴルに攻め込むなど攻勢に転じた。

永楽帝は，配下の宦官を各地に派遣した。南海遠征の鄭和(1371-1434？)が有名であるが，同じ時期にイシハ(生没年不詳)がアムール川下流域に派遣された。イシハは，女真というツングース系の集団の出身である。女真人は金という王朝を建て，中国の北半分を支配した。彼らの子孫が，17世紀に清を建てた満州人である。イスラーム教徒の鄭和をインド洋に派遣したように，永楽帝は女真人のイシハをアムール川下流域に遣わしたのである。

明朝のヌルガン都司経営　1308年の記事を最後として，元代の中国史料にはアイヌについての記述はみえなくなる。明朝の第3代の永楽帝の時に，アムール川下流域にイシハが派遣された。イシハは，現在のティル村にヌルガン都司という役所をおき，この地域の支配体制の中心とした。イシハはまた，ヌルガン都司に永寧寺を併設し，建立の経緯を記した石碑を立てた。この石碑に，1413年の「勅修奴児干永寧寺記」と1433年の「重建永寧寺記」が記されている。これらの石碑の記載や『大明実録』などの文献史料には，明朝が北方の先住民に朝貢の見返りとして絹織物などを与えたことが記されている。イシハの遠征は，鄭和の南海遠征と時期的に重なり，明朝が最も膨張政策をとっていた時期のできごとである。

イシハは7回にわたってアムール川下流域に遠征し，膨大な物資を交易品としてもたらした。しかし，明軍の行動はかつてのモンゴル(元)軍の行動を超えるものではなく，明軍がサハリン島まで侵攻したかどうかは不明である。1433年の遠征を最後として，明軍がアムール川下流域にまでくることはなくなった。また，1449年の土木の変をきっかけとして，明朝の影響力はアムール川下流域から後退した。

明朝とアイヌとの関係　「勅修奴児干永寧寺記」には，明朝が「海外の苦夷の諸民」にさまざまな品物を与えたことが記されている。ここでいう苦夷は，元代の史料にみる骨嵬と同じくアイヌを指している。明朝とアイヌとの関係は，元朝とアイヌとの関係とは違い，平和的であった。この理由は，元朝がアムール川の下流域に東征元帥府を設置して，継続的な支配を行おうとしたのに対し，明朝の支配は継続的ではなく，アイヌとの対立が生じづらかったためである。

明軍は巨大な船でティル村までやってきて，運んできた大量の物資を朝貢交易で配布すると中国へ戻っていった。明朝の朝貢交易は，その時点では大きなものだったが，決して安定的ではなかった。アイヌを含むサハリン島の先住民は，中国製の錦や銅雀台の瓦でつくった硯など，中国製の高価な品物を手に入れたが，それらのいくつかは，サハリン島や北海道島に現存している。いずれも大切に保存されていたため，今日にまで伝わったものであり，アイヌなどの先住民の人たちが中国文化の価値観を受け入れていたことを意味する。

ヌルガン都司と永寧寺があったティル村の位置

「サンタンゴヱ地図」(間宮林蔵『東韃地方紀行』より) 1809(文化6)年に間宮林蔵はデレンの満州仮府からの帰りにティル村を通り，ヌルガン永寧寺の2基の石碑を描いている。

コラム 銅雀台の瓦でつくった硯

　松前広長著『福山秘府』の文明17(1485)年乙巳の条に，「伝に云う。是の歳，北夷より瓦の硯が出た。是は東漢の魏の曹孟徳が築いた所の銅雀台の瓦である」。1485年に北夷(サハリン島から北海道島)に銅雀台の瓦硯がみつかり，北海道島南部の上ノ国に根拠地をおく蠣崎氏に伝わった。文章の「東漢の魏の曹孟徳」を現在の表現に直すと，「後漢の時に魏王だった曹操」ということになる。銅雀台は，曹操が西暦210年に建てた当時としては非常に高い建物で，銅雀台の瓦で硯をつくるということは，長く中国で行われていた。このような中国の高級品が，サハリン島にもたらされたことから，明軍がヌルガン都司までもっていったものが交易で先住民の手に渡ったこと，アイヌなどの先住民がこの硯の価値を知っていたことがわかる。

銅雀台の瓦でつくった硯

永寧寺の石碑

拓本

史料 「勅修奴児干永寧寺記」1413(永楽11)年，部分

　惟だ東北の奴児干国は，(中略)(永楽)10年(1412)冬，天子は復た内官の亦失哈に命じて其の国に載至らせた。海西自り奴児干に抵り，海の外の苦夷の諸民に及ぶまで，男婦に賜うに衣服と器用を以てし，給するに穀米を以てし，宴すに酒と饌を以てしたところ，皆踊躍て懽忻び，一人も梗化って率わない者は無かった。上は復た金銀等の物を以て地を擇んで寺を建て為せ，斯の民を柔化し，(後略)

第2部　北海道島におけるアイヌの形成

❺ コシャマインの戦いとその背景

コシャマインの戦い　15世紀に和人の進出とともに北海道島南部の渡島半島に構築された道南十二館は，北海道島南部のアイヌと和人の経済的なつながりの強さを示している。しだいに増える和人との経済交流は，アイヌと和人との間に対立を引き起こす要因ともなった。松前藩の正史である『新羅之記録』によれば，1456（康正2）年に志濃里（現在の函館市志海苔）において，アイヌの男性と和人の鍛冶職人との間で小刀の価格をめぐる争いが起き，鍛冶職人がアイヌの男性を殺すという事件が起きた。この事件をきっかけに，渡島半島東部のアイヌの有力者であったコシャマイン（？－1458）を中心にアイヌが和人に対して蜂起した「コシャマインの戦い」が起こった（史料参照）。アイヌの攻撃によって道南十二館のうち蠣崎季繁（？－1462）の花沢館（上ノ国町）と安藤（下国）家政（生没年不詳）の茂別館（北斗市）の2つの館を除いて，その他の館は陥落した。戦乱は，太平洋沿岸では鵡川まで，日本海沿岸では余市までの広い範囲に及んだ。

　しかし，花沢館に滞在していた武田信広（1431－94）によってコシャマイン親子が討たれ，1458（長禄2）年にはこの戦いは終わる。コシャマインの戦いを契機に武田信広は，花沢館の館主であった蠣崎氏の婿養子となり，蠣崎姓に改める。

コシャマインの戦いの背景　「コシャマインの戦い」がきっかけとなって，北海道島の戦国時代が幕をあける。アイヌと和人との約100年間にも及ぶ戦いが続く。「コシャマインの戦い」が領地の取り合いでも，城や港の取り合いでもなく，交易をめぐる争いであったことで，アイヌと和人との関係において，交易が最も重要であったことを示している。

　なお，コシャマインの戦いが起きた15世紀半ばという時期は，明朝の対外政策に転機が起きていた時期でもある。15世紀前半の永楽帝から宣徳帝（1399－1435）まで続いた膨張政策が終わり，明朝は朝貢交易を制限し始めた。その結果として，明朝との交易に依存していた各地の勢力は，小さくなった交易の利益をめぐって争いを起こした。

　沖縄の琉球王国では第一尚氏王統が1467年に滅び，重臣の金丸（1415－76）が即位して尚円と称し，第二尚氏王統をおこした。金丸はもともと明朝との交易を管理する立場であった。このことは，琉球王国の王朝交代に明朝の政策が深く関係していることを示している。

　コシャマインの戦いの背景にも明朝がアムール川下流域から後退し，北方での朝貢交易が縮小したことが関係していた可能性がある。しかし，文献史料が乏しく，詳しいことはまだ明らかになっていない。

和人の館と出土銭　道南十二館のうち，現在その所在地がはっきりわかっているのは函館市の志濃里館などいくつかだけである。志濃里館近くの道路工事現場から，1968（昭和43）年に3つの大きなかめに入った約38万枚という銭が発見された。1カ所でみつかった出土銭の数としては，日本で最も多い。出土した古銭は，古くは前漢時代の四銖半両（紀元前175年初鋳）から明代の洪武通宝（1368年初鋳）までの約1500年にわたる92種類の古銭で構成されている。なぜ，これほどの銭貨が1カ所に埋められていたのかについては，よくわかっていない。当時の館は交易の中心でもあり，大きな富が蓄積されていたことが推定される。このような交易など経済交流の活発化を，アイヌと和人との間の対立の背景として考える必要がある。

> **史料** 『新羅之記録』上巻
> 　中比内海の宇須岸（函館）夷賊に攻め破られし事，志濃里の鍛冶屋村に家数百有り，康正2 (1456)年春乙孩（アイヌの男）来て鍛冶に劓刀を打たしめし処，乙孩と鍛冶と劓刀の善悪価を論じて，鍛冶劓刀を取り乙孩を突き殺す。之に依て夷狄悉く蜂起して，康正2年夏より大永5(1525)年春に迪るまで，東西数十日程の中に住する所の村々里々を破り，者某（和人）を殺す事，元は志濃里の鍛冶屋村に起るなり。活き残りし人皆松前と天河（上ノ国）とに集住す。

空からみた志濃里館（函館市）

> **コラム** 志濃里館近くでみつかった出土銭
>
> 　この多量の古銭は，合計92種を含んでいる。最も古いものは，前漢時代に初鋳されたものであり，最も新しいものは明時代に初鋳されたものである。日本で奈良時代から平安時代に鋳造された本朝十二銭のうち，7種11枚が含まれているが，残りはすべて渡来銭で，中国の北宋銭が約9割を占める。なかでも，同一銭種で1万点を超えるものは皇宋通宝(1038年初鋳)で4万8679枚，元豊通宝(1078年初鋳)4万5173枚など北宋銭8種，唐銭1種の計9種にのぼる。また，私鋳銭も少なからず含まれている。中世後期に，多量の流通が確認されている明銭である洪武通宝がわずかに13枚しか含まれておらず，埋納されていたかめが14世紀中葉から後半の時期のものであることから，これらの古銭は14世紀後半に埋納されたことが推測される。

志濃里館近くでみつかった出土銭（函館市）

 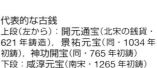

代表的な古銭
上段（左から）：開元通宝（北宋の銭貨・621年鋳造），景祐元宝（同・1034年初鋳），神功開宝（同・765年初鋳）
下段：咸淳元宝（南宋・1265年初鋳）

❻ 蝦夷が島の戦国時代

コシャマインの戦いの影響

コシャマインが蜂起してから約100年間は、アイヌと和人、または和人同士の争いが渡島半島南部において断続的に続いた。コシャマインの戦いが始まる前に、和人の居住域は東方は現在のむかわ町、北方は現在の余市町の範囲に及んでいたが、戦いの結果、和人の居住域は渡島半島の上ノ国と知内の間というごく狭い範囲に縮小した。一方で、北海道島南部の政治的混乱のなか、蠣崎氏は他の館主を支配下において、しだいに地位を高めていった。

1515(永正12)年には、渡島半島東部のアイヌの有力者であったショウヤコウジ兄弟に率いられたアイヌが、蠣崎氏に対して戦いを挑んだ。『新羅之記録』によれば、ショウヤコウジ兄弟は和議を装った酒宴の場に招かれて騙し討ちにあい、武田信広の子である蠣崎光広(1456-1518)により討ち取られたとされる。蠣崎光広の子の義広(1479-1545)の時にもアイヌとの戦いが記録されおり、しばしば館を攻められている。また1525(大永5)年に、東西のアイヌの蜂起によって多くの和人が殺害され、残った和人たちは松前と上ノ国に移り住んだことが記されている(史料参照)。史料がのちの松前藩によって残されたことを考えると、すべてを信じることはできないが、アイヌと和人との戦いが繰り返し起きていたことを知ることができる。

夷狄の商舶往還の法度

1545(天文14)年に蠣崎義広のあとを継いだ季広(1507-95)は、瀬田内(せたな町)のアイヌの有力者であるハシタインを「西部のアイヌの長」とし、志利内(知内町)のアイヌの有力者であるチコモタインを「東部のアイヌの長」として、彼らとの間に取り決めをした。これが「夷狄の商舶往還の法度」である。この取り決めでは、他国の商人との交易において、蠣崎氏が徴収した利益の一部をハシタインとチコモタインに支払うこと、天河の沖またはシリウチの沖を船が通過する際は、敬意を表すために帆を下げて一礼することが定められた。このように、和人とアイヌの間で交易の利益分配が決められ、交易の安全性が保証されたことによって、アイヌと和人との関係は安定した。アイヌとの交易を安定させたことにより、蠣崎氏はアイヌとの交易を管理する地位を確立した。のちに蠣崎氏は、この地位を豊臣秀吉に認められ、安藤氏の家臣という立場から、独立した大名としての地位を築くことになる。

「夷狄の商舶往還の法度」が定められたことによって、松前は北海道島の交易の中心となることに成功した。時代はややくだって1618(元和4)年のことになるが、イエズス会の宣教師のアンジェリス(1568-1623)の報告では、松前が北海道島の東部からやってきた船、北部からやってきた船によって、交易の中心として繁栄している様子が記録されている。このように、交易の中心となったことが、のちに成立する松前藩の経済的な基盤を用意したのである。

勝山館全景(上ノ国町)

> 史　料

◆『松前旧事記』
「同（大永）五年春，東西之蝦夷蜂起して人民多数殺害ス，夫ゟ残之者共松前と天野川ニ寄集リ住居ス」

現代語訳：大永5(1525)年春，東西のアイヌが蜂起して和人を多数殺害した。それより生き残った者は皆，松前と上ノ国に寄り集まって住んだ。

◆夷狄の商舶往還の法度
至若勢田内の波志多犬を召寄せ上之國天河の郡内に居へ置きて西夷の尹と為し，亦志利内の知蒋多犬を以て東夷の尹と為し，夷狄の商舶往還の法度を定む。故に諸国より来れる商賈をして年俸を出さしめ，其内を配分して両酋長に資ふ。之を夷役と謂ふ。而る後西より来る狄の商舶は必ず天河の沖にて帆を下げ休んで一礼を為して往還し，東より来る夷の商舶は必ず志利内の沖にて帆を下げ休んで一礼を為して往還する事，偏に季廣朝臣を慫慂せしむる処なり。

現代語訳：そればかりでなく，セタナイのハシタインを呼び寄せ，上ノ国の天河の地域において西のアイヌの代表とし，またシリウチのチコモタインを東のアイヌの代表として，アイヌに対する商船の往来についての取り決めを定めた。そのため諸国からやってくる商人から決まったお金を出させ，その内のいくらかを配分して両者に与えた。これを夷役という。その後，西からくる商船は必ず天の河の沖で帆を下げて，一度停船して往来し，東からくる商船は必ずシリウチの沖で帆を下げて，一度停船して往来することとなった。すべて（蠣崎）季広朝臣に敬意を表するためである。

◆アンジェリスの「第一蝦夷報告」1618年
毎年東部の方にあるミナシ（アイヌ語で東方を意味するメナシのこと）の国から松前へ百艘の船が，乾燥した鮭とエスパーニャのアレンカにあたる鰊という魚を積んで来ます。多量の貂の皮をももって来ますが，彼等はそれを猟虎皮といい，わが[ヨーロッパ]の貂に似ています。頗る高価に売ります。蝦夷ではなくて，猟虎と称する一島におるので，蝦夷人はそこへ買いに行きます。……メナシからは私が前述した百艘以外にも船がまいります。東部地方の船もまた，松前へ猟虎皮を載せて来ないだけで，同じ商品を持って来ます。蝦夷国の西の方に向かう一部である天塩国からも松前へ蝦夷人の船がまいりますが，それらの船は種々の物と共に中国品のようなドンキ（中国製の絹織物の緞子のこと）の幾反をも将来します。それらの蝦夷は高麗から余り遠くないようでございます。但し実際に蝦夷人たちは，中国をも高麗をもその何者であるかを知らないといいました。

解　説：豊臣秀吉がキリスト教の布教を禁止すると，イエズス会の宣教師たちは東北地方に逃れて布教を続けた。彼らのなかには，北海道への布教を試みる者もいた。アンジェリスは，1618年と1621年の二度，松前を訪れている。二度とも報告書が残っており，報告書をみると，松前が交易の中心であることがわかる。北海道島の東部や千島列島からの交易船がもってくるのはニシンとラッコの皮である。また北海道島の北部の天塩からもたらされるのが，絹織物の緞子とされている。アンジェリスは，中国か朝鮮半島のものであろうと予想しているが，これは日本人が蝦夷錦と呼んだ中国製の絹織物のことであろう。

第2部　北海道島におけるアイヌの形成

Self Study 考えてみよう！

1. 鎌倉時代のアイヌについては，日ノ本・唐子・渡党についての記録が残されている。なぜ急に，アイヌの人たちについての記録が詳しくなったのだろうか。

2. モンゴル帝国(元朝)がサハリン島(樺太)に勢力を伸ばしたことによって，アイヌの人たちの生活はどのようにかわったのだろうか。

3. コシャマインの戦いの背景には，アイヌの人たちをめぐる変化があった。どのような変化だろうか。

4. 館は小さな城であるが，軍事的な機能以外にどのような機能をもっていたのだろうか。

1

2

3

4

参考文献
1. 田端宏ほか『北海道の歴史』山川出版社，2000年
2. 榎森進・関秀志ほか『北海道の歴史(上)　古代・中世・近世編』北海道新聞社，2011年
3. 関口明・越田賢一郎・坂梨夏代『北海道の古代・中世がわかる本』亜璃西社，2015年

第3部　近世国家とアイヌ

　現在の北海道にとって，近世はどのような時代であったのかを考えることが，第3部の目的である。ここでは，主に戦国時代の終わり頃から江戸時代の末期，函館（箱館）開港の頃までを取り扱う。この時代を考えるうえで必要なことは，現在の北海道にあたる地域の事情がこの頃，初めてヨーロッパに情報として伝えられたということである。それは，イエズス会の宣教師であったり，漂流民からの情報であったり，直接の交渉によったりと，さまざまな形であったが，世界史全体の枠組みのなかで，この地で行われた政治支配のあり方が歴史的にどういう意味をもつのかという視点が大切である。

　この時代以降，江戸幕府の蝦夷地支配のあり方が，絵画や文書記録で残され，具体性をもって描けるようになったということも重要である。ただし，その記録や史資料はあくまで「支配する側」からの視点で描かれたものである。また，特に地図という形で本州島にもその情報が伝えられるようになったということも注目すべきであろう。

　また，琉球王国の「琉球使節」のように，幕府の異国支配を世に広く目にみえる形で示すということは松前藩では行われなかった。このような支配のあり方の違いを理解することで，現在，さまざまな形で世界各地に頻発している「地域主権の復興」や「民族問題の解決」を考えるヒントも与えられるであろう。蝦夷地支配の問題は，本土に最も近い地域で行われた「異民族支配」であったからである。

　幕末の開港は，箱館を窓口に経済的に蝦夷地が「世界市場」とつながったことを意味した。つぎの明治期以降の「開拓使」の手で行われた「近代化」という名の内国植民地化は，この時代に始まった。そのことが，今日の北海道の位置づけに与えた影響は大きい。以上のような問題関心から，ここでは世界史と蝦夷地＝北海道の同時代性や関係性についても記述する。

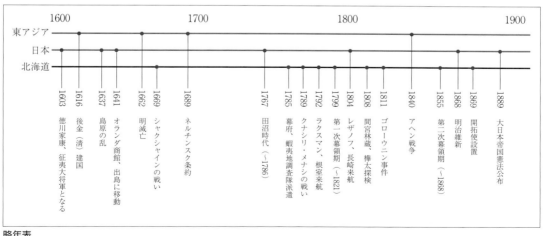

略年表

41

第1章　近世世界とアイヌ

❶ 松前藩とアイヌ

戦国大名としての蠣崎氏

豊臣秀吉(1537-98)に拝謁した蠣崎慶広(1548-1616)は、豊臣秀吉の死後、徳川家康(1543-1616)に近づき、松前に姓を改める。徳川家康が征夷大将軍となり、江戸幕府を開くと、松前慶広は、家康より「黒印状」(コラム参照)を得て、アイヌとの交易の独占権を公認される。松前氏は幕藩体制のもとで、アイヌとの交易に依拠し、異域に接する大名格に位置づけられ、松前藩が成立する。

幕藩体制のなかでの松前藩

蝦夷が島島主松前氏は他藩とは異なり、領内において米がとれないため、無高の大名であり、かつ対馬の宗氏とともに別枠ともいえる扱いをされ、その格式は1万石格の大名とされた。「黒印状」により認められたアイヌに対する交易独占権によって、藩主みずから交易船を蝦夷地に送り、家臣にはアイヌとの交易の場である商場を知行地として割り当てていた。この交易に基づく知行制度は、「商場・知行(=交易)」制度と呼ばれる。

この時期のアイヌには、黒印状の付則にあるように、自由な移動が認められていた。また松前藩は、渡島半島南部を和人地とし、それ以外を蝦夷地として区分した。江戸時代の初めまでは、アイヌが交易のために和人地や本州にまでも出かけていたが、やがて松前藩は、通行を制限するようになっていった。

交易相手が松前からくる年1度の交易船に限定されるようになると、和人からの十分な物資供給が途絶えるとともに不平等な交換レートが設定されるようになった。

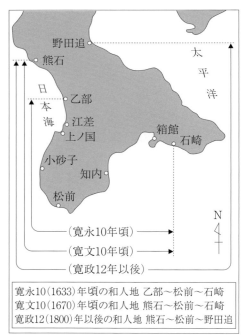

寛永10(1633)年頃の和人地 乙部〜松前〜石崎
寛文10(1670)年頃の和人地 熊石〜松前〜石崎
寛政12(1800)年以後の和人地 熊石〜松前〜野田追

和人地の推移

42

コラム　アイヌとの交易と独占権—徳川家康の「黒印状」

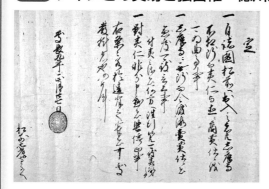

定
一，諸国より松前へ出入の者共，志摩守(松前氏)に相断（ことわ）らずして，夷仁（えぞにん）(人)と直（じか）に商買（つかまつり）仕候儀，曲事（くせごと）となさるべき事。
一，志摩守に断り無くして渡海いたし，商買仕候は，急度（きっと）言上いたすべき事。
　付（つけたり），夷の儀は，何方へ往行候共，夷次第に致すべき事。
一，夷仁に対し，非分申懸は堅く停止（ちょうじ）の事。

【意訳】
① 松前に出入りする商人は松前氏に無断でアイヌと直接商売をしてはいけないこと。
② 松前氏に無断で商売をしたものは必ず報告をすること。付則としてアイヌの人々についてはどこへいこうと彼らの自由であること。
③ アイヌに対して不法なことをしてはいけないこと。加えて，以上に背くことがあれば厳しく処罰するとされた。
　慶長九年(1604)正月廿七日(印)

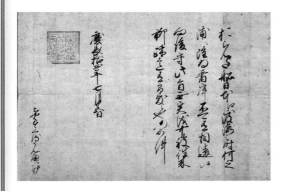

おらんだ船日本江渡海之時何之
　浦ニ雖為着岸不可有相違候
　向後守此旨無実儀可被往来
　聊疎意有間敷候也以如件
　慶長拾四年(1610)七月廿五日　(印)
　ちゃくすくるうんへいけ(カ)
（これは宛名で当時のオランダ商人の名とされる）

【意訳】
オランダ船が日本へ渡航してくる時には，どこの浦へ着岸するとしても，相違のないようにすること。今後はこの趣旨を守り，実儀なく往来されるように。少しも疎意はあってはならない。以上の通りである。
　慶長拾四年(1610)七月二五日

　最初の史料は黒印状，次の史料は朱印状と呼ばれる許可証である。
　もともと朱印と黒印は戦国期には区別されずに使われており，性質の違いについても定説はない。一般的には，国内の領地安堵（りょうちあんど）(ある領地の施政権を認めること)に際して黒印を用いることが多かったとされ，逆に海外に対しては朱印を用いることが多かったので，一般に朱印船(交易)といういい方をした。最初の史料は，松前氏に出した交易の許可証である。下の史料では，オランダ船に対して貿易の許可を与えたものとされている。
　上の２つの史料を比べると，蝦夷地の交易を松前氏に独占させることが明記されていて，石高制と交易による利益とを整合させる必要から，こうした取り決めがなされたと考えることができるだろう。

❷ シャクシャインの戦い

戦いの経過　シャクシャインの戦いは、太平洋沿岸におけるアイヌ内部の地域集団同士の対立に端を発する。メナシクル(東の人々)とシュムクル(西の人々)との間で、シベチャリ(静内)川流域の生業領域をめぐる争いが生じた。メナシクルの乙名であったカモクタイン(？-1653)がシュムクルのなかのハエの乙名であったオニビシ(？-1668)により殺害され、シャクシャイン(1606？-69)があとを継いだ。なお、乙名とはアイヌの首長層に対して史料に残された呼び名であり、オッテナと振り仮名をする史料もある。両集団の争いは松前藩にとっては、大きな脅威であった。

アイヌ民族に与えた影響　松前藩は争いが蝦夷地全体に拡大すれば交易体制に大きな影響が出ると考え、1655(明暦元)年に調停に乗り出した。しかし、1660年代に入ると再び対立が起こり、1668(寛文8)年にはシャクシャイン側の手によりオニビシが殺害された。その後、報復をはかるハエの人々は、松前藩に援助を申し入れるが、その申し入れは拒否され、松前藩に送ったハエの使者は病死する。この際、送った使者が松前藩に毒殺されたという風説が広がると、シャクシャインは松前藩との戦いを各地のアイヌに呼びかけた。シャクシャインは、松前藩と関係が深かったオニビシを討ったため、松前藩が出兵すると考え、1669(寛文9)年6月に蜂起に踏み切ったとされる。東蝦夷地・西蝦夷地それぞれで100人以上の和人が殺害された。この頃の松前藩側の和人人口は約1万5000人でそのうち家臣団である武士は80人余り、一方、アイヌ側の人口はほぼ2万人と考えられている。したがって、蝦夷地全体のアイヌが蜂起に参加すれば松前藩が崩壊する可能性があった。

　この戦いの結果を大きくわけたのは、武器の差であった。松前藩は鉄砲をもち、アイヌの主な武器は毒矢であったため、クンヌイ(国縫、長万部町)の戦いで鉄砲を装備した松前藩の軍勢に敗れ、アイヌ側は後退することになる。その後、松前藩側は反撃に転じ、同時にアイヌ側を分断する作戦がとられた。松前藩は戦いに関わった者を処刑すると脅す一方、働きによっては命を助けるという懐柔策を使いわけた。その結果、降伏するアイヌが続出し、シャクシャイン側はシベチャリチャシに追い詰められた。シャクシャイン自身は、この戦いに敗れてもクスリ(釧路地方)に退き、抵抗を続ける意志をもっていたとされる。松前藩は、アイヌとの交易に依拠した藩であったため、長期の戦いはそのまま藩の存亡を意味した。そこで、シャクシャイン側へ和睦を呼びかけ、シャクシャインも息子の勧めもあり和睦に応じた。しかし、ピポク(新冠町)で行われた和睦の宴の席でシャクシャインは謀殺され、翌日には、本拠地であるシベチャリチャシが陥落したが、その後、戦いは1672(寛文12)年まで続いた。

コラム アイヌの人々の生活

　商場知行制が全蝦夷地にわたり成立したことで，アイヌの生活への影響としては物資の供給先が限定されたことと，交換比率が変わったことが大きい。

　図をみてみよう。米の価値があがっているのがわかるだろうか。当時，蝦夷地では米がとれないので，交易で入手できる米に頼るしかない。たとえば，図のように，干鮭100匹で米28kgだったものが，11kgになったということは，干鮭の価値が約3分の1になったことを意味する。つまり，米の価値が3倍になったのである。その後，シャクシャインの戦いのあとは，干鮭100匹に対して米は約17kgにまでに戻したのである。

商場での交換比率

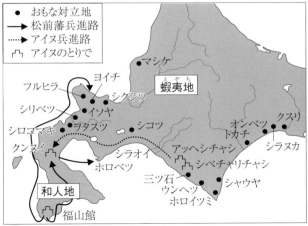

シャクシャインの戦い関係図

シャクシャイン像

シベチャリチャシ跡遠景　チャシとは一般的には砦や城と呼ばれるが，「柵囲い」の意味とされる。戦闘の場であるとともに，祭事・話し合いの場など，さまざまな用途があったと考えられている。

第3部　近世国家とアイヌ

3 商場知行制と場所請負制

場所請負制の成立　シャクシャインの戦いののち，松前藩は，アイヌとの交易で絶対的な主導権を握るようになった。「商場知行制」は，全蝦夷地で確立され，アイヌがお互いに連携をすることが非常に困難となり，また，アイヌ自身が蝦夷地のなかで自由な移動を厳しく制限されることになった。

やがて，知行地をもつ武士が直接その商場へ出向いて，1年分の給与の交易活動を自ら行うのは難しくなり，しだいに武士は特定の商人に自分の商場での交易をまかせて，商人から金子(現金)を受け取るようになっていった。商人は，それぞれ管轄する「場所」が決められ，その境目と境界が定められた。それぞれの商人が，これらの「場所」での交易を武士の代わりに行うので，この制度を「場所請負制」と呼ぶ。

場所請負商人には，毎年，武士へ支払う金額(運上金)が定められていた。しかし，金額が定められているということは，アイヌとの交易を通じて集めた金やモノは，それを超えた分は請負商人のものとなる。ここに，場所請負商人の過酷なアイヌ支配の温床があった。さらに，アイヌにとっては本州島物資との交易比率が松前藩側から一方的に引き下げられることもあり，それが苦しい生活の大きな要因になった。同時に，和人の蝦夷地への往来も松前藩によって制限され，和人に対しても支配は強化されていった。

アイヌ社会の変容　中世以来，本州島からの和人の入り込みによる交易を経て，ほぼ全蝦夷地で同じレベルでのアイヌ社会の変化がみられた。松前藩は，みずから支配するために，一部のアイヌの有力者を村役人的に指名していったものと考えられ，そのなかから「乙名」と呼ばれる首長層が現れるようになったのである。

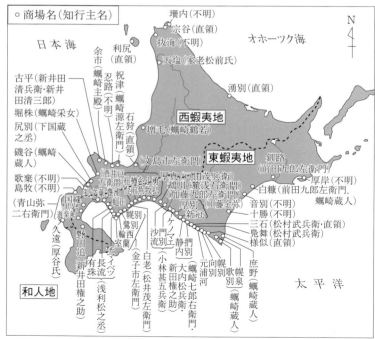

1669(寛文9)年の商場の分布　北海道開拓記念館編常設展示解説書3，『蝦夷地のころ』1999年による(推定も入る)。

コラム ウイマムとオムシャ

　ウイマムとはもともと交易，オムシャとは友人・知人との再会を喜ぶ儀礼のことであった。しかし，やがて松前藩による支配が強化されていくなかで，ウイマムは松前藩主へ献上品を差し出し，それに対して下賜品を受け取るといった，いわば中国における朝貢に類似した儀礼へと変質していった。また，オムシャは場所請負制度のもとで，請負商人や藩役人による慰労という形をとりながらも，同時に法令や日常の注意点などを申し渡す支配儀礼になっていったのである。

日高アイヌ・オムシャ之図

旧下ヨイチ運上家　運上家は，場所請負人が請負場所の拠点に設けた施設である。対アイヌ交易や漁場の操業・管理のほか，行政事務を行う場ともなった。写真は現在余市町にあるもの。1863(文久3)年の建築で，現存する唯一の運上家として修理・保存され，国指定重要文化財となっている。

第3部　近世国家とアイヌ

❹ 江戸幕府による「蝦夷地開発計画」

田沼意次の「蝦夷地開発計画」

江戸時代中期の老中で9代将軍徳川家重(1711－61)・10代将軍家治(1737－86)に仕えた田沼意次(1719－88)は，悪化する幕府の財政を立て直すために重商主義を採用し，いわば世界史でいう「資本主義＝重商主義的改革」によって幕府財政を立て直そうとした人物である。そのために，田沼がとった政策は，株仲間の結成による運上金の徴収，鉱山の開発，俵物の専売（専売制は「そこでしか買えない」＝価格を自由に決められるので利潤が大きい）や印旛沼の干拓による増収策など多岐にわたる。こうした「幕府財政の立て直し」の一環として，田沼は蝦夷地の開発計画を立てた。「俵物」は，干しナマコ・干しアワビ・フカのヒレなどを俵に詰めたものであるが，これは長崎での対中国貿易の際の主要な取引財であり，琉球王国へも送られていた。この「俵物」の多くは蝦夷地産であった。

仙台藩の医者であった工藤平助(1734－1800)は，『解体新書』を翻訳した前野良沢(1723－1803)や桂川甫周(1751－1809)らの蘭学者と親しかった人物である。工藤は，松前藩の動きに関心を寄せ，1784（天明4）年に『赤蝦夷風説考』を田沼のもとへ提出した。田沼は，翌年，早速，最上徳内(1755－1836)らによる調査隊を派遣することを決定した。その目的は，①ソウヤ・樺太（サハリン島）の地勢調査や産物交易の実態を見届けること，②クナシリ・エトロフ・ラッコ島（ウルップ島のことと考えられる）にも同様の調査を行うことであった。このような調査を田沼が行おうと考えた背景には，18世紀後半から蝦夷地で頻発する外国船との接触や出島のオランダ人による情報もあった。

蝦夷地開発計画の中止

田沼が，1785～86（天明5～6）年の2回にわたって蝦夷地調査を命じたが，その調査結果は，『蝦夷地一件』としてまとめられている。この調査のなかで，アツケシ（厚岸）場所などを支配下においていた場所請負人の飛驒屋久兵衛らによる抜け荷や水増しが明らかになり，田沼は「御試交易」と呼ばれる幕府の直接交易にも乗り出した。飛驒屋の収奪は，松前氏が借財を返済しないことがその大きな理由であった。飛驒屋のばく大な利益に目をつけた田沼であったが，この蝦夷地開発計画は1786（天明6）年8月に田沼が失脚すると幻となった。当時の蝦夷地は，特にロシアとの関係から，幕府が「国境」というものを意識せざるを得ない地域となってきていた。このような対外的な脅威が，のちの幕府による蝦夷地直轄政策や，それにともなう同化政策（髪容改など）につながっていく。

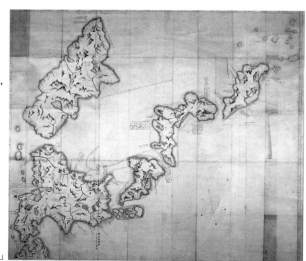

最上徳内の「蝦夷諸島精図」

48

> コラム **北海キンコ（金の子）**

料理は，その土地に住む人々のものの考え方や生活習慣がよくわかる。

沖縄でも中国でも，コンブやナマコは食材として使われている。しかし，沖縄や中国では「コンブ」や「ナマコ」はとれない。中国や台湾では，現在も北海道産のナマコを輸入している。その品質は別格であり，「北海キンコ」と呼ばれる高級食材である。

こうしたことは，なぜ起きるのだろうか？

現在の函館近辺で採取された昆布は，「宇賀昆布」と呼ばれ，献上品としても扱われる。栄養価が高い昆布は，その運ばれていく過程でさまざまな特産品となり，各地の食生活にとけ込んでいった。

このような交易が食生活に与えた変容は，世界各地にもあるが，北海道の産物はそのなかでも特にダイナミックなものであった。

江戸時代の交易ルート

塩昆布

> コラム **工藤平助と『赤蝦夷風説考』**

仙台藩医の工藤平助（1734〈享保19〉－1800〈寛政12〉）は，生没年の年代表記からもわかるように，「享保の改革」から「寛政の改革」の時代を生きた人物である。彼自身は蘭医ではなかったが，杉田玄白や前野良沢，その弟子にあたる大槻玄沢らの蘭方医とも交流があり，こうして得た情報をもとに，彼は『赤蝦夷風説考』を著した。

これが田沼意次の目に触れることとなり，最上徳内らの蝦夷地調査につながることになる。さらに，この著作は林子平にも影響を与え，子平は『三国通覧図説』のなかでロシアの脅威を説き，『海国兵談』を著すことになった。

❺ 山丹交易と蝦夷錦

山丹交易と清朝　松前藩が蝦夷地にもっていた交易網は、海外にも及んでいた。江戸時代の蝦夷地は、ソウヤ（宗谷、稚内市）を中心とする日本海側の西蝦夷地とアツケシ（厚岸町）を中心とする太平洋側の東蝦夷地に大きくわけられる。松前藩主は、その両方を押さえていた。ソウヤでの交易はサハリン島（樺太）・沿海州を経て清朝とつながっており、アイヌを通じて運ばれる中国製の絹製品、青玉と呼ばれるガラス玉や弓羽として使われる鷲羽が主な交易品となっていた。一方で、アツケシからは、千島列島産のラッコの毛皮や鷲羽などが運ばれていた。特に弓に使う鷲羽は、高い価値で取引された。

　17世紀から18世紀に明朝やそれに続く清朝は、アムール川流域の先住民族を「辺民」として支配するため、定期的に役人を遣わした。支配の象徴や上納させた貂皮の対価として官服やその反物を与えた。役人が派遣される出張所の周辺では、役人や商人との取引も認められていた。

　大陸渡来の絹織物は、アムール川下流域とサハリン島を経由してアイヌによって蝦夷地にもたらされ、松前藩はこれを独占的に取り扱った。高価な絹織物は「蝦夷錦」と呼ばれ、江戸や大坂でも珍重された。この北回りで流入する中国製の龍などをあしらった官服は、「山丹服」と呼ばれた。山丹とは、アムール川下流域を指し、東韃地方とも呼ばれていた。また、この地域からサハリン島へ交易に訪れる人々を山丹人と呼んだ。鎖国下において、サハリン島の先住民族やアイヌによって山丹地域で行われた交易を山丹交易と呼ぶ。

商場としての白主会所　当初、松前藩とアイヌとの交易は、松前城下において行われていたが、17世紀に商場知行制（p.46参照）に移行すると、松前藩の交易船が直接ソウヤの商場を訪れるようになった。18世紀には松前藩は、さらに交易を進めるため、サハリン島南端に商場として白主会所を開設し、交易船を派遣するようになる。この交易で、樺太アイヌを介して入手される山丹地方からもたらされるのは大陸製の品々であり、和人側からの交易品は鉄製品・米・酒などであった。

　1807（文化4）年、蝦夷地が幕府の直轄地になると、アイヌは直接に大陸と往来することや、自由な交易、清朝への朝貢を禁止された。交易形態の変化は、山丹人側に対してアイヌが負債を負うことになり、負債の回収をはかる山丹人によってアイヌの家財が奪われたり、アイヌ自身が負債の形に山丹人に連れ去られる場合もあった。1809（文化6）年には、箱館奉行支配調役下役で元締の松田伝十郎（1769-1842）が負債を調査し、返済不可能な負債を幕府が肩代わりしている。白主会所の交易は官営交易となるが、山丹交易は幕府崩壊まで継続され、1868（明治元）年に明治政府によって廃止された。

山丹交易関係図（北海道開拓記念館『山丹交易　蝦夷錦をもたらした北方交易の道』より、一部改変）

コラム 間宮林蔵と『東韃地方紀行』

「山丹人」の地を，直接踏査したのは，間宮林蔵(1775？－1844)であった。間宮はもともと農民の子で武士ではなかったが，その才を認められ，幕臣に取り立てられた人物である。彼は1808(文化5)年と1809(文化6)年に北方踏査を行い，その結果を『東韃地方紀行』という記録に残した。

それによれば，彼がカラフト(樺太)を踏査した際，カラフト北部にはアイヌとは異なるオロッコ(ウィルタ)，ニヴフ(ギリヤーク)と呼ばれる少数民族がいることがわかり，彼らの情報から，アムール川をさかのぼった所にデレンという清朝の役所が存在することがわかった。2度目の北方調査の過程で，カラフトが半島ではなく島であることを確認した。

間宮は海峡を横断し，デレンにある清朝の役所にも達する。デレンには清朝の役人が毎年2カ月ほど満州から出張してきて場所を設け，各地から集まるさまざまな民族の貢物，主として沿海州やカラフト方面からやってくる少数民族から貂などの毛皮を受け取り，その代わりに錦織(絹製品)などを与え，交易の監督にあたった。間宮はここを「満洲仮府」と名づけている。

間宮の記録では，右図のように，14～15間四方の丸太の柵を二重にめぐらし，左・右・後の三方に交易所を設け，さらにその中間やや後方に一重柵でかこった所が役所の中心である「府」であり，そこに役人がいて監督業務についていた。

交易のあいだ，仮府の柵の周囲には，さまざまな民族が小屋や天幕を張って仮住まいをしていたとされる。多い時で1,000人くらいの人が群れているといわれ，間宮が訪れた時も500～600人を数えた。

彼の報告書には，アムール川下流域の人々が清朝と毛皮を媒介にした交易を行っていたことや，その代価として絹織物を受け取っていたことなどが記録されている。

山丹服(蝦夷錦)

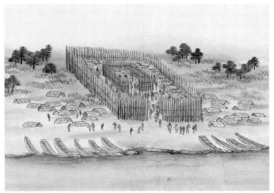
交易の様子

毛皮を貢納する山丹人

第3部　近世国家とアイヌ

第2章　日本の対外政策とアイヌ

❶ クナシリ・メナシの戦い

アイヌ民族の自立を求めて

1754(宝暦4)年，松前藩は国後島・択捉島・得撫島を松前藩士の知行地としてクナシリ場所を開き，国後島に交易の拠点として運上所をおいた。1773(安永2)年に場所は飛驒屋が請け負うようになった。飛驒屋は，アイヌを「労働力」として使役し，「鮭〆粕」と呼ばれた鮭を絞ったものを生産させた。「鮭〆粕」は，本州島のさまざまな農業生産のために金銭で購入される肥料の金肥として流通した。

当時，ロシアが北千島に到達し，抵抗するアイヌを制圧して，毛皮税を課していた。経済的に困窮したアイヌは，千島南部へ逃れる状況も生じていた。

このような，厳しい労働環境やクナシリ場所の場所請負人飛驒屋との取引に不満をもったクナシリ場所のアイヌ130人余は，1789(寛政元)年5月についに武装蜂起した(クナシリ・メナシの戦い)。この武装蜂起に際して，現地にいた和人71人が殺された。ちなみに，この年はフランス革命が起きた年でもある。

松前藩は，直ちにノッカマップ(根室半島)に鎮圧隊を派遣し，現地の首長層であったツキノエ(生没年不詳)らに蜂起の関係者を集めるよう命じ，取り調べのうえ，首謀者37人を処刑，その首は塩漬けにされたうえで松前へ送られ，さらし首となった。この戦いは，シャクシャインの戦いとは違い，ツキノエらの現地有力者は加わらず，大規模な蜂起には至らなかった。また，和人支配に対するアイヌによる組織的な最後の抵抗となった。なお，ノッカマップには，現在，慰霊碑が建てられ，毎年，慰霊祭(イチャルパ)が執り行われている。

戦いの影響

松前藩によって戦いが鎮圧されたあと，飛驒屋は場所請負人の権利を取り上げられ，かわって松前の有力商人であった3代村山伝兵衛(1738-1813)が請負人になった。しかし戦いのあとも，この地への過酷な支配は継続された。幕府は，アイヌの武装蜂起の背景には，過酷な支配に原因があると理解した。折しもこの武装蜂起の4年後の1792(寛政4)年，ロシアへの漂流民である大黒屋光太夫(1751-1828)を同行したロシア皇帝エカチェリーナ2世(1729-96)の遣日使節であるアダム・ラクスマン(1766-96?)が，通商を求めて根室に来航した。

北からのロシアの脅威を感じた幕府は，1799(寛政11)年に東蝦夷地を松前藩から召し上げて幕府直轄地(公儀御料)とし，さらに1807(文化4)年には西蝦夷地と和人地をも松前藩から召し上げ，幕府直轄地とした(第一次幕領期)。

コラム 「夷酋列像」にみえる世界

夷酋列像

この絵は，松前藩家老であった蠣崎波響(1764-1826)という人物が描いた「夷酋列像」という12枚の肖像画の一つであり，連作となっている。身にまとっている衣装も靴も，アイヌの伝統的なものとはまったく異なる。この絵は，「クナシリ・メナシの戦い」に関連する。それは，つぎのような経緯である。

アイヌの蜂起を受けて，松前藩は260人に及ぶ鎮圧隊を派遣した。それを率いた一人が波響である。戦いを鎮圧したあと，松前藩は，この鎮圧に協力したアイヌ首長層を福山館(松前)に同行し，藩主に謁見させた。波響は藩主(松前道広で波響の異母兄)の命で，このうち功労があった12人の肖像画を描いた。図はその一枚である。近年，フランスのブザンソンで模写が発見されたが，その来歴は不明である。

波響自身は伝統的な日本画を描いており，この作品は光格天皇(1771-1840)の天覧を得るが，その画業のなかでは異質の作品である。研究者による調査が現在も続いているが，函館市中央図書館が所蔵する2点が「御味方蝦夷之図」という名前で保存されていた経緯から，松前藩がその成果を報告し，記録するためにつくらせたという説もある。いずれにせよ，異様な風体の「異人」が，松前藩の支配下にあることを示す意図をもって描かれたと考えてよいであろう。

クナシリ・メナシの戦い関係図(川上淳「クナシリ・メナシアイヌの戦い」〈東北電力『白い国の詩』1999年10月号〉より，一部改変)

ノッカマップの慰霊祭

❷ 幕府による蝦夷地の「内国化」政策

幕府による蝦夷地直轄

クナシリ・メナシの戦いののち，ラクスマンに続き，1804（文化元）年には，皇帝アレクサンドル1世（1777-1825）の命で遣日使節としてニコライ・レザノフ（1764-1807）が長崎へ来航し，通商を求めた。しかし，幕府はこれを拒否した。この幕府の対応に対して，1806（文化3）年にはサハリン島の松前藩番所が，1807（文化4）年には択捉島がロシア兵により攻撃されるフヴォストフ事件（文化露寇事件）が起こり，幕府が東北諸藩に出兵を命じる事態となった。北からのロシアの脅威と蝦夷地の支配の重要性を感じた幕府は，1807年に松前氏から和人地を含む蝦夷地全域を召し上げ，当時の藩主である松前章広（1775-1833）に陸奥国伊達郡梁川（現在の福島県伊達市梁川町）9000石への転封を命じた。

アイヌの人々がロシア側の支配下に移るようなことになれば，北方支配と国防が危ういと考えた幕府は，アイヌに対する「撫育」を行った。幕府の直轄支配のもとで，アイヌの懐柔が行われるようになったのである。貿易のあり方もそれまでの場所請負に代わって，「直捌」と呼ばれる直接交易となり，その交換比率も「撫育」の趣旨に基づいて定められた。

しかし，こうしたロシアと蝦夷地の緊張関係は，1811（文化8）年に千島を測量中のロシア軍艦ディアナ号の船長であるヴァシリー・ゴローウニン（1776-1831）が幕府役人に捕縛され，2年余り日本に幽閉されるというゴローウニン事件で起こった。それが解決されると，緊張は緩和され，幕府経費を削減する観点からも直轄政策自体の見直しが行われた。最終的に，1821（文政4）年に松前藩は蝦夷地に復領した。

世界史からみた「幕府の蝦夷地直轄」

その後，1840年代に入ると，北方の緊張は再び高まった。ヨーロッパ列強による植民地拡大政策のなかで，津軽海峡付近に外国船が出没し，1849（嘉永2）年には辺境防備のための築城が松前藩に命じられ，1854（安政元）年に福山（松前）城が完成する。

しかし，クリミア戦争（1853-56）など，英露の対立を中心に国際情勢は大きく変化していた。1853（嘉永6）年7月にはプチャーチン（1804-83）が長崎へ来航し，国交と樺太・千島の国境策定を要求し，9月にはロシア海軍士官ネヴェリスコイがサハリン島南部クシュンコタンへ上陸した。ロシアの動きは，前年の1852（嘉永5）年にアメリカが日本へ開国をせまる艦隊を派遣するという情報に基づいていた。

幕府では，松前藩という小藩にこうした対応を任せてよいのか，仮にロシアがアイヌを懐柔すればどうなるのかという第一次幕領期とは異なる次元で危機感が生じたのであった。1855（安政2）年に幕府は再度蝦夷地を直轄地として箱館奉行をおき，1859（安政6）年には東北諸藩（津軽・南部・秋田・仙台・庄内・会津）によって蝦夷地は分割統治された。各地には，陣屋と呼ばれる現地統治の役所がおかれ，さらにその下に出張陣屋がおかれていた。各藩では24カ所の陣屋を築き，沿岸の防備にあたった（第二次幕領期，1855～68）。現在，白老町には仙台藩元陣屋が残されている。以上のように，蝦夷地の支配関係も当時の世界史が大きく関係していたと考えることができる。

コラム 大黒屋光太夫事件とゴローウニン事件

　大黒屋光太夫は，伊勢の商人で，1782(天明2)年に伊勢から江戸へ向かう廻船が漂流し，7カ月後にアリューシャン列島へ到着した。その後，キリル・ラクスマンとその子アダム・ラクスマンの知遇を得て，エカチェリーナ2世と謁見後，ラクスマンとともに根室へ帰国する。ラクスマンは通商は拒否されたが，長崎入港を許可する信牌を受けて，帰国した。彼の記録『北槎聞略』には，当時，首都サンクト・ペテルブルクで流行したとされる「エカチェリーナの歌」の楽譜と歌詞が記録されている。

　1811(文化8)年，ゴローウニンは，ロシアのディアナ号艦長として世界周航の途上，国後島を測量するために南下し，この島で幕府役人に捕らえられ，投獄された。ロシアは高田屋嘉兵衛(1769－1827)が乗り組む観世丸を捕らえ，これと交換することにより，ゴローウニンが1813年にロシアへ帰国した事件である。この際，高田屋嘉兵衛が帰国の交渉を行った。

　この時代，ロシアの南下政策は世界史的な意味をもっていた。18世紀後半，すでにイギリスは産業革命のさなかにあり，ロシアは近代化のために，いっそう多くの毛皮を必要とした。地図をみればわかるように，この時代にロシアとの接触がたびたび起きている。

ロシアの接近

ラクスマン(1766～96？，右端)と大黒屋光太夫(1751～1828，左から3人目，「幸太夫と露人蝦夷ネモロ滞居之図」より)

第3部　近世国家とアイヌ

③「箱館奉行」と五稜郭の築城

北の開港場としての「箱館」

江戸幕府が，各地の幕領や重要地点においた「遠国奉行」の一つに，箱館奉行がある。遠国奉行職は老中の配下におかれ，旗本（石高1万石以下で将軍に御目見得以上の者）のなかから選ばれた。蝦夷地では，第一次（1802-21）・第二次幕領期（1855-68）にそれぞれ設置された。特に第二次幕領期には，ペリー来航以降の北方情勢に対応するため，優秀な人材が登用された。第二次幕領期に，松前藩は渡島半島南西部だけを領地とし，代わりに陸奥国と出羽国に3万石を与えられた。

当初，箱館奉行所は，箱館市街を見下ろす現在の元町公園一帯におかれていた。しかし，港からの艦砲射撃による攻撃を避けるため，国防の観点から代替地の検討が行われ，現在の五稜郭が建設されることになる。

五稜郭は，日本最初の西洋式城郭といわれるが，もともとは箱館奉行所をかこむ土塁として設計されたものである。設計者の武田斐三郎（1827-80）は緒方洪庵（1810-63）が教え，福沢諭吉（1834-1901）をはじめ，幕末の志士を多く生んだ大坂の適塾（適々斉塾）に学び，通訳としてペリー一行と接した人物である。箱館に入港したフランス軍艦より砲術書が献上されると，これを写して五稜郭築城の参考にしたといわれている。現在，北海道立文書館には，箱館奉行所文書（国重要文化財）が残されており，戊辰戦争へと続く箱館（函館）の幕末期支配のあり方を知ることができる。

現在の五稜郭公園

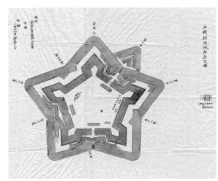

五稜郭設計図

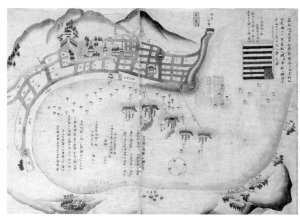

ペリー来航時の箱館（「亜墨利加船松前箱館湊江入津之図」より）

復元された箱館奉行所

コラム 箱館奉行堀利熙と村垣範正

　堀利熙(1818-60)は，当時，幕府の改革を主導していた老中阿部正弘(1819-57)によって抜擢され，1854(安政元)年に箱館奉行となり，カラフト(樺太)の国境策定に対処するため，村垣範正(1813-80)とともに大調査団を派遣し，実地検分を行った人物である。この調査隊には，玉虫左太夫(1823-69，仙台藩士で湯島聖堂塾頭，この調査の記録を『入北記』として記録する)や榎本武揚(1836-1908)，島義勇(1822-74，佐賀藩士，初代開拓判官で札幌建設の祖)といった人物が加わっている。堀は，日米修好通商条約調印年の1858(安政5)年に幕府に新設された外国奉行につき，通商条約締結にもかかわり，署名を行った人物でもある。のちに，プロイセンとの秘密交渉を行った廉により切腹した。

　村垣範正は，幕臣で勘定吟味役(勘定奉行配下)に抜擢され，堀とともに調査隊を組織した。その後，1858年には外国奉行・神奈川奉行を兼任する。村垣の事績としては，日米修好通商条約を批准するため，幕府が派遣した万延元年遣米使節(1860年)の副使としてアメリカに渡ったことがあげられる。このように，幕府の中枢に入り，外国との交渉にあたっていくような人物が就任していることからも，長崎や横浜と並んで箱館が重要視されていたことがわかるであろう。

コラム 幕領化とアイヌ

　蝦夷地の幕府直轄政策により，アイヌ政策はどう変わったのかを考えてみよう。第一次幕領期には，「蝦夷三官寺」(有珠善光寺・様似等樹院・厚岸国泰寺)と呼ばれる寺院が建設され，蝦夷地のいっそうの和風化がはかられた。第二次幕領期には，これに加えて身分の固定化と把握のために人別帳(戸籍)の作成や，労働力を確保するための種痘の接種，髪容改などの和風化の推進などが行われた。それとともに，アイヌの人々を使役した内陸開発や授産が計画・実行されていった。そのなかには，農業部門のみならず，炭鉱の開発や溶鉱炉の建設などがあげられる。武田斐三郎が諸術調所を箱館に設置したのは1856(安政3)年，また箱館で洋式帆船が建造されたのは1857(安政4)年のことである。このような蝦夷地の和人地化政策によって，蝦夷地に和人が居住するようになり，いやおうなくアイヌの人々は「近代化と帝国主義」の社会へ繰り込まれることになったのである。

蝦夷三官寺図

国泰寺跡

④ 世界市場と箱館開港

取引されたモノ　横浜と並んで幕末に開港地とされた箱館では，外国領事をはじめ，外交官や商人たちが居留地をつくった。また，捕鯨船をはじめ交易船が来航した。石油が実用化される以前に，鯨油は灯油や機械油，さらに産業革命後に労働者管理のため必要となった時計用の油に不可欠であった。貿易高で横浜港が国内貿易の8割以上を占めていた一方，箱館港の取引額は貿易全体からみれば2〜3%程度で，貿易を左右するような金額ではなかった。しかし，その貿易には他の港にはない，いくつかの特徴をみることができる。

　箱館を含む蝦夷地は，江戸時代中期から，長崎で中国貿易の取引に使われる「俵物」の産地であった。さらに，重要な産物として昆布があり，取引高の約4分の1を占めた。これらの産物は，箱館開港により，長崎回航にかわり箱館で直接外国と取引されるようになり，イギリス・アメリカ商人などが中国へ輸出することになった。これらの貿易を仲介したのは，それまでの場所請負商人たちではなく，多くは新興の仲買商人たちであり，彼らのなかから明治期以降の函館（箱館）の商業を担う人物たちが登場した。

　幕府は俵物の貿易を仲介することを試みたが，諸外国の反対を受け，うまくいかなかった。貿易は，圧倒的に日本側の輸出超過状態であった。輸出品で最も多かったのは昆布や海鼠などの海産物であるが，東北地方から函館（箱館）へ運ばれて輸出される蚕種なども取り扱われていた。輸入品は，北海道・東北地方が後背地としての交易圏をほとんどもっていないため，購買力が小さく，居留外国人の日用品や雑貨が多数を占める。当時の記録には，パンや羅紗（高級織物）などの記載もある。

「密貿易」と箱館　幕府は開港後も俵物を安価で買い上げ，長崎へ送って一括統制を行おうとしたが，外国からみると，これは自由貿易の原則に反することになる。イギリスは1830年代から，国内外で自由貿易を主張していく。産業革命後のイギリスでは，価格・品質ともに国内産業の競争力が高いため，自由貿易でも市場の独占が可能だったのである。この自由貿易が，インドでは綿業の衰退を生み，中国ではアヘン戦争の原因となった。

　蝦夷地では，幕府の長崎での俵物の買い上げを好まず，外国商人へ高価で転売する例があとをたたず，これは一種の密輸ともいえるものであった。こうした影響は，実際に経営を行う漁場まで及び，「横浜での『五品江戸廻送令』の失敗」と同様のことが，蝦夷地でも発生した。外国との交易が多くなると，国内における交換レートが高くなることで物価が上昇した。その影響で，蝦夷地で手にはいる本州島産品の量が減少した。この面からも，当時の蝦夷地では開港することがアイヌを苦しめる結果を生んだのである。

コラム　貿易と地域社会—モノカルチャー化が残したもの—

　蝦夷地の産品が，その価値によって逆にアイヌ社会を貧困におとしいれた。このような事例は，世界のほかの地域では考えられないのであろうか。たとえば，東南アジアでは，蝦夷地の鷲羽と同様に，鳥の羽が重要な産品として各地に送られる実例がある。彩色豊かな孔雀などの羽は，王権や地位を表す品物として各地で高く取引された。

　蝦夷地では，鉱山開発や農業授産が特に江戸時代初期と後期に松前藩や幕府の手で行われたが，このような開発と近代化のあり方は，その後の東南アジアでの植民地化でも広く行われたものであった。たとえば，マレーシアではスズ鉱山が，インドネシアではコーヒーやサトウキビの強制栽培が支配者側から持ち込まれ，地域社会のあり方を根底からくつがえした。単一作物のプランテーションは，それが単一であるがゆえに，自然災害に弱く，ある作物が台風などで全滅すればそのまま収入がない状態となる。

　イエズス会の宣教師が蝦夷地へきたのは，もともとは鉱山に流罪などになったキリシタンへの福音と調査のためである。東南アジアの島嶼部でも，集団的なキリスト教への改宗が宣教師の手で行われた実例がある。このように，地域は異なるが似たような植民地化の過程をたどった事例があることも考えておきたい。

コラム　箱館にやってきたニコライ

　東京にニコライ堂という建物がある。この聖堂の名前で知られるニコライ（1836−1912）は，ロシアの箱館領事館付属礼拝堂の司祭として日本へ来航した。日本にロシア正教を伝えた人物である。彼はゴローウニンの『日本幽囚記』を読んで来日し，当時，密航のため箱館にやってきていた新島襄（1843−90）から日本語を習ったという。彼が最初にロシア正教を教えたのは，坂本龍馬（1835−67）の従兄弟にあたる沢辺琢磨（1834−1913）であった。新島は，その後はアメリカに渡り，帰国後に同志社を設立する。箱館には開港とともにさまざまな外国文化が流入した。ニコライが残した『ニコライの日記』は，幕末期から明治期にかけての日本の様子を知る貴重な史料である。

箱館真景

⑤ 戊辰戦争と蝦夷地

箱館戦争と世界史　旧幕府と新政府との間の戊辰戦争で，最後の舞台は函館(箱館)となった。この戦いを箱館戦争と呼ぶ。榎本武揚らの旧幕府軍は，江戸を離れ幕府の最新軍艦であった開陽丸などの旧幕府艦隊を率いて奥羽越で敗れた東北諸藩の兵士を乗せ，蝦夷地に渡ってきた。最新式の武装によった榎本軍は，新政府軍や松前藩軍を破り，五稜郭に本陣を構える。

榎本が蝦夷地をめざした理由は，約8万人ともいわれた旧幕臣を救済するためであった。全国に700万石ともいわれた幕領がなくなり，徳川家が駿河・遠江70万石に減封されたからである。しかし，3000人といわれた旧幕府軍に対し，新政府軍は約8,000人を超える兵を派遣し，最終的に1869(明治2)年に榎本らが降伏し，戦闘は終結した。

さらに，箱館開港と明治維新とが当時のアイヌに与えた影響について考えてみると，すでに1868(明治元)年3月には，岩倉具視(1825-83)が開拓使の前身となる箱館裁判所の設置や蝦夷地の改称を建議している。それは，ロシアと接する北辺の両国雑居という状態に対して，旧幕府の政策を批判しつつ，「内地開拓」による新しい「日本国」をつくるというものであった。しかし，そこにみられたアイヌに対する視線は「岩倉提議」にあるように，「今ヤ土地ヲ開キ教化ヲ施サント欲スルニハ僅ニ酒ト煙草ヲ与ヘ之ヲ使用スル事ヲ得ヘシ」というものでしかなかった。

蝦夷地「内国化」と「同化政策」　箱館開港という外圧を受けると，アイヌは逆に日本人へと改俗同化を迫られていった。まず，1856(安政3)年には，その呼称が「土人」に統一される。開港後に来日する外国人は「夷人」であるから，外国人ではないアイヌは「土人」となるのである。髪型の変更に加え，髭を落とさせ，服装や儀礼にも「右合わせ」や羽織・袴，土下座などの内地風が教え込まれていった。外観に重点がおかれたのは，同化が重んじられたことの証であった。第二次幕領期には，天然痘の流行に対してアイヌへの種痘が行われるが，これも労働力の確保を目的としたものであり，こうした労働力としての収奪は，それまでの伝統的な生活文化の破壊に拍車をかけていった。

このような「同化」政策は，蝦夷地のみならず，他の国々でもこの時期に多くあった。カナダにおいて，メティー(フランス系毛皮商人とイヌイットの混血)の先住民権回復のための戦い(「レッド・リバーの反乱」)が起きるのは1869年のことである。アメリカによるハワイ王国併合とその後の「アメリカ化」，ロシア帝国によるシベリア先住民に対する「ロシア化」政策は，いずれも19世紀半ばから後半にかけて国家的な政策として行われた。

この後，時代は明治に入り，近代国家として欧米と対峙していく明治新政府が，蝦夷地を「北海道」と名づけ，「開拓」という用語を用いる先には，内国植民地としての位置づけがあったのである。

コラム 幕末に生じたアイヌ遺骨盗掘事件

　1859(安政6)年に函館(箱館)は、横浜、長崎とともに貿易港として開港され、幕府の直轄地となり、箱館奉行がおかれた。外国領事館もアメリカ・ロシア・イギリス・フランス・デンマーク・ドイツ・ポルトガルなどの領事が駐在し、外国人居留地が設けられ、外国人の往来する新たな状況が生じた。1865(慶応元)年に箱館奉行や箱館駐在の各国領事を巻き込む国際問題が勃発する。イギリス領事館員らによる、アイヌ墓地からの遺骨盗掘事件である。

　1865(慶応元)年9月13日に箱館に滞在中であった鳥類学者ヘンリー・ホワイトレーとイギリス領事館員のヘンリー・トローン、ジョージ・ケミッシュが森村(森町)において男性1体と女性2体の遺骨と、頭蓋骨1体を埋葬地から掘り出し、イギリスへ送付した。当時の状況を記したJ.R.ブラックの『ヤング・ジャパン』(1880)には、本件に箱館領事であるフランシス・ヴァイス(1828－91)やロシア人医師も関与し、2体はロンドンへ、1体はサンクトペテルブルクへ送られたとある。森村での発掘が問題にならなかったことから、彼らは翌10月18日には、落部村(八雲町)の埋葬地から13体のアイヌの遺骨を掘り出し、箱館へ持ち帰った。

　落部村における盗掘は、地元の住民とアイヌの目に留まり、当時の箱館奉行小出秀実(1834－69)は、フランシス・ヴァイスに領事裁判を要求し、掘り出された遺骨の返還を要求した。対応に苦慮したヴァイスは、イギリス公使ハリー・パークス(1828－85)に本件を相談し、パークスは、同年12月に(1)犯人を領事裁判に付すこと、(2)ヴァイスが森村と落部村に赴き、慰謝料を払い陳謝する、(3)森村から盗まれた遺骨は、海中に投棄されたため、海中を捜索して返還する、という3点の提案を箱館奉行に行った。

　同年12月下旬にヴァイスは、海中を捜索させ、顎の骨3体分と腐食した頭蓋骨1体を奉行所に提出した。しかし後に、森村から掘り出された遺骨はすでにイギリスへ送付されており、この海中から回収された遺骨はすべて偽者であったことが明らかとなる。1866(慶応2)年1月8日にヴァイスは、盗掘の犯人を領事裁判にかけ、ホワイトレーを禁固12カ月、トローンとケミッシュをそれぞれ禁固13カ月とする宣告をした。

　また、ヴァイスは森村と落部村を訪問し、慰謝料を支払い陳謝することを申し出た。しかし、小出秀実は、処分が不十分であるとし、抗議を行っている。

　同年1月17日、新たな領事としてエイベル・ガワー(1836－99)が着任し、ヴァイスは箱館を退去する。落部村から掘り出された13体は、国外へ持ち出される前に返還され、再埋葬されたが、森村から掘り出された4体については、謎のままである。森村から発掘されたアイヌの遺骨については、イギリスへ持ち出されたまま、日本へは返還されていない可能性が指摘されている。

コラム 「蝦夷共和国」?

　しばしば観光ガイドなどでは、榎本を中心に北海道が独立国家を目指していた、とする記述がみられるが、世界史的にみて、これはどうだったのであろうか。

　まず、榎本を中心とする箱館政権が、箱館でジコール・ブリュネ(1838－1911)ら10人のフランス士官の協力を得ていたことは事実だが、彼らもまたフランス軍事顧問団から離脱した人物である。さらに、欧米の見方も「独立した共和国」としてのものではなく、「事実上の政権」であって、条約締結権などをもった政権として認めたのではなく、さらに箱館に入港した欧米の軍艦の艦長たちが榎本に好意をいだき与えた覚え書きのなかに過ぎない、というのが現在の研究成果が示すことである。さらに、榎本自身が幕府からの独立を指向していたわけでもないため、この名称は歴史的な事実とは異なるというのが実際であろう。

フランス人軍事顧問団と松平太郎(箱館政権副総裁)

第3部　近世国家とアイヌ

Self Study　考えてみよう！

1. 蝦夷地での和人による交易活動がアイヌに与えた影響について考えてみよう。

2. 世界史のなかでも，教科書などではあまり知られていない言語政策がある。つぎのような事例についてインターネットなどで調べてみよう。
   * イギリスにおけるウェールズ語撲滅運動（16世紀〜）
   * スウェーデンにおけるスコーネ戦争と「スウェーデン化」（17世紀）
   * フランスにおけるアルザス地方への言語政策（18世紀：スペイン継承戦争〜）
   * イスラエルにおける第二次世界大戦後の「ヘブライ語復興運動」（20世紀）

   このような国々の「言語回復運動」と，日本を比べてみて何が考えられるだろうか。

1

2

Further readings

榎森進　『アイヌ民族の歴史』　草風館，2007年
浪川健治　日本史リブレット50『アイヌ民族の軌跡』　山川出版社，2004年

第4部　近代国家の成立とアイヌ民族支配

　近代国家の要素は，「主権」と「領域」と「国民」である。したがって，近代国家の形成とは，明確な国境線の画定と，そこに住むさまざまな人々を国民という枠組に押し込める過程ともいえる。

　明確な国境線の画定とは，前近代に存在したあいまいな国境地帯の存在は許されず，その地帯内の人々を強制的に領域内に取り込み，その自由な生活権を奪うことを意味する。

　一方，国民化とは，そこに住む人々の生業や言語などの文化的独自性を強制的に中心的国家に同化させることを意味する。

　日本はアイヌ民族の漁業や狩猟といった基本的生業を営む権利を，「保護」の名のもとに剝奪し，強制的に農業に押し込めた。不毛な耕地での不慣れな耕作は順調であるはずはなく，彼らの生活を急激に危機に追いやった。伝統や生活風習のすべてが否定され，「日本風」の「創氏改名」が強いられた。独自の言語は使用が禁止され，「国語」という国家を統一する手段としての言語に押し込められた。すなわち，国民化とは，多種多様な人々の文化を否定し，中心的国家の統一支配のなかに閉じ込めることにほかならない。

　日本における明治新政府（近代国家）の形成過程も同様である。18世紀中葉は，欧米各国はすでに「帝国主義」化し，アジア地域を植民地とするために，さまざまな形で牙をむきだしにしていた。明治新政府は，このような列強に対抗するための強固な中央集権国家の形成を急いだ。そして「殖産興業」「富国強兵」をその基本方針としたのは，その具体化といえる。ここにも，日本の近代国家へと変貌する過程が，異国や異民族への対応であったことが指摘できる。

　したがって，明治新政府にとって国境線内部に存在する「野蛮なるもの」の根絶が急務であった。文明化した列強諸国に追いつくために，また自身が野蛮なアジア世界から早々に脱するためにも，先に解決しておかなければならない課題であった。ここに，日本が近代国家へと変貌する過程での特殊性をみることができる。そして，その対象となった地域が，琉球や台湾であり，当時「蝦夷地」と呼ばれた北海道である。その人々とは琉球民族であり，台湾の民族であり，アイヌ民族であった。日本列島において，近代国家が形成されるなかで，アイヌ民族がどのように国家に取り込まれていったのか，今しっかりと学ぶ必要がある。

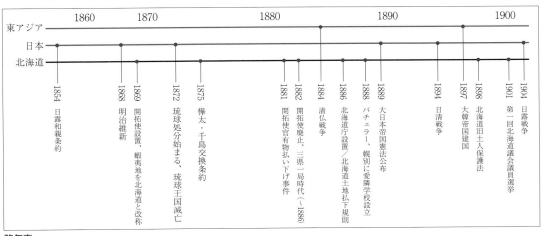

略年表

第1章　近代国家の形成と民族支配

❶ 蝦夷地から北海道へ

幕末の動乱期のなかで

　五稜郭の戦いに勝利した明治新政府は，1869(明治2)年8月，旧来の松前藩領であった「和人地」と先住民族アイヌの地である「蝦夷地」，および国後島・択捉島とその周辺諸島を「北海道」と改称した。また，いわゆる「北蝦夷地」(サハリン)を「樺太州」と名づけた。これらは，1854(安政元)年に締結した日露和親条約によって，ロシアとの間に国境線が画定したことを前提としているが(サハリンは両国雑居地)，新政府のこの政策はアイヌ民族の生活空間であった蝦夷地を一方的に日本国の領土とし，先住民族であるアイヌの意向を聞くことなく，強制的に「国民」化することをめざしたものといえる。

　明治新政府は，18世紀以来の列強の来航，特にロシアの南下政策に対して大きな脅威を抱いており，その意味で当時その地は「皇国之北門」として認識され，天皇の「皇威(天皇の威光)」にかかわる地と考えられていた。したがって，蝦夷地への政策は対露政策であるとともに，近代天皇制確立に向けての重要な政策であった。

「北海道」という呼称

　古代の律令では，天皇の威光が直接届く地域を「畿内」とし，それ以外の地域を支配するために，7つの幹道が造設され，それらが通過する地域を「七道」と呼んだ。そのなかには「東海道」「南海道」「西海道」があり，東西南北のなかで「北」だけがない。「七道」には10前後の「国」という領域が設けられ，その下に「郡」という区画を設定した。これを「道−国−郡」制度という。北海道という呼称はまさに8番目の「道」であり，同時に「渡島」「後志」「釧路」などの11カ国と，その下に「茅部」「瀬棚」「厚岸」などの郡がおかれた。

　「王政復古」という方針で政策が展開されるなかで，蝦夷地を北海道に改称したことは，まぎれもなく古代的地域制度の復活を意味していた。ちなみに，現在，北海道以外の46都府県は，「東京」「奈良」など都府県をつけずとも地域が認識できるが，北海道だけは「北海」と略称することはできない。それほど，北海道という呼称は古代的性格を現代においても有しているといえよう。

　一方で，幕末期の探検家松浦武四郎(1818−88，コラム参照)は「蝦夷地」の改称にいくつかの案を提案したが，そのなかに「北加伊」案があった。松浦が天塩川探索で，アイヌの長老アエトモから「カイ」が，アイヌ語で「自分たちが住んでいる所」という意味だと聞き，それが「北加伊」案となった。その後，「加伊」が「海」となり，古代的呼称の「道」が加わり，北海道という名称に決定する。つまり，北海道の名称はアイヌ語を基本としたものともいえる。

　しかしながら，「北海道」への改称は従来までの「蝦夷地」といったアイヌ民族の居住地域を否定したことを意味する。明治新政府による，一方的な新領土化であった。以後，アイヌ民族の伝統的文化とその尊厳をつぎつぎに否定し，いわゆる「皇民化」政策の名のもとで民族への抑圧が開始される。

北海道命名の地の碑
（音威子府村天塩川中流河畔）

資料　北海道の国および郡

国　名	郡　名
渡島国（7郡）	亀田・茅部・上磯・檜山・爾志・福島・津軽
後志国（17郡）	久遠・奥尻・太櫓・瀬棚・寿都・歌棄・磯屋・岩内・古宇・積丹・島牧・美国・古平・余市・忍路・高島・小樽
石狩国（9郡）	石狩・札幌・厚田・浜益・夕張・樺戸・空知・雨竜・上川
天塩国（6郡）	中川・上川・増毛・留萌・苫前・天塩
北見国（8郡）	宗谷・利尻・礼文・枝幸・紋別・常呂・網走・斜里
胆振国（8郡）	山越・虻田・有珠・室蘭・白老・勇払・幌別・千歳
日高国（7郡）	沙流・新冠・静内・三石・浦河・様似・幌泉
十勝国（7郡）	広尾・当縁・上川・中川・河東・河西・十勝
釧路国（7郡）	足寄・白糠・釧路・阿寒・川上・厚岸・網尻
根室国（5郡）	花咲・根室・野付・標津・目梨
千島国（5郡）	国後・択捉・振別・沙那・蘂取

注）渡島国の福島郡・津軽郡は，1881（明治14）年に合併して松前郡となった。また千島国には，1876（明治9）年に得撫郡・新知郡・古守郡が，1885（明治18）年には根室国花咲郡から分離した色丹郡がそれぞれ加わった。

コラム　松浦武四郎―「北海道人」

　伊勢の国に生まれ，早くから諸国をめぐった。1845（弘化2）年に蝦夷地探検に入り，択捉島や樺太までも調査した。数度にわたる現地調査により，「東西蝦夷山川地理取調図」など数多くの記録を残している。それら調査のなかで，蝦夷地社会の実情を取りあげ，アイヌ民族が危機的状況にあることを指摘している。その調査には，地元アイヌとの協力関係がうかがえる。1869（明治2）年，幕府から開拓判官に任じられたが，翌年その職を辞し，死の前年まで全国をめぐる旅をした。

松浦武四郎

第4部　近代国家の成立とアイヌ民族支配

❷ 開拓使の設立

明治新政府の北海道政策の開始　1869(明治2)年2月，戊辰戦争のさなか，明治天皇の蝦夷地開拓についての諮問に対して，岩倉具視(1825-83)は「一地方の問題としてではなく，蝦夷地開拓を国家的事業として推進するための強固な機構の創出」を上奏している。対ロシア防衛上の課題と先住民であるアイヌ民族の国内への取り込みを，蝦夷地開拓の重点として強調した。箱館戦争終結後の同年6月，松前藩主松前修広(1865-1905)は，版籍を奉還し，自身は知藩事になる。いわゆる北海道における版籍奉還の実施である。その際，前年に築造された館城にちなみ館藩に名称を変えた。

同年6月，政府は肥前藩主鍋島直正(1815-71)を開拓督務に任じた。その際の明治天皇勅書には，「蝦夷開拓ハ皇威隆替ノ関スル所，一日モ忽ニス可ラス」とある。翌年の官制改革により，太政官に直属する機関として「開拓使」が設置された。鍋島を初代開拓長官とし，島義勇(1822-74)，松浦武四郎，岩村通俊(1840-1915)らを開拓判官に任じ，ここから明治新政府による本格的な北海道政策が開始される。

開拓使は，当初徳川家の菩提寺である東京の芝増上寺境内におかれ，島ら開拓判官を現地へ派遣し，東京からの指示で政策が進められた。

開拓使本府の設置　札幌に開拓の拠点をおくことは，すでに江戸時代に近藤重蔵(1771-1829)がその意義を指摘している。その後，開拓使本府を札幌におくことは，松浦の提案によるといわれている。札幌市内を流れる豊平川の渡守として志村鉄一(生没年不詳)，吉田茂八(1825-1952？)が居住し，現在の札幌市内部にもすでに本州系日本人が移住していた。

1869(明治2)年11月に，島義勇は札幌での本府建設を開始した。300間(約550m)四方の敷地に本庁舎を建て，正面から南に幅40間(約73m)の道路をつくり，その両側に官舎・学校・病院などを配置し，東西には長い広場(のちの「大通」)を設ける計画であった。この広場は，本庁庁舎への類焼を防ぐため，防火帯としての役割が当初の設置目的であった。予算の問題と「佐賀の乱」による島の失脚によって計画は一旦頓挫するが，岩村通俊の手によって1871(明治4)年に本府が完成し，ここに初めて現地に「開拓使庁」が設置された。

札幌の開拓使庁の建設には，忍路，余市，勇払，美国，沙流，遠くは釧路からアイヌ民族が動員された。多くは運搬夫として雇われたが，数カ月にわたる滞在を余儀なくされた。そのほかにも，交通，土木，運輸など全般にわたって札幌市街建設に従事しており，札幌以外でも上川・空知といった石狩川の流域で，アイヌ民族は労働力として使役された。

開拓使の「使」について，たとえば遣隋使・遣唐使は古代の外交使節を意味するものであり，「押領使」「追捕使」などは，反逆者や犯罪者を鎮撫し，逮捕する者の意味である。開拓使が，ロシアの脅威に対してのものであった以上，明治新政府の重要な外交・警察的業務を担っていたことは間違いない。一方で，これまで「化外の民」として国家に服属していなかったアイヌ民族の国民化といった点では，軍事的役割を担ったことになる。

> **コラム** 「北辰星」
>
> 　開拓使のシンボルとなったのが「北辰星」である。これは、開拓使付属船の船長蛯子末次郎(1842－1912)の考案といわれている。船の旗章として採用されたのが始まりで、開拓使の記録によれば、「此五陵形旗章ノ原因タルヤ，北晨星ヲ象リ，則青色地ニ赤色ヲ點付ス」とある。この北晨星(北辰星)とは、北極星を表している。1872(明治5)年、「北海道船艦旗章」として外務省が正式に認めた。
> 　ちなみに、この「北辰星」を模写したロゴが、北海道物産品のいくつかに使用されていることに気づくだろう。

開拓使使用の旗章

増上寺内におかれた開拓使東京出張所(1869〈明治2〉年)

札幌の開拓使庁舎(1871〈明治4〉年)

函館五稜郭内に設けられた開拓使支庁(1869〈明治2〉年)

明治40年代の大通

鍋島直正(1815－71)

島義勇(1822－74)

岩村通俊(1840－1915)

❸ 戸籍法とアイヌ民族

北海道における戸籍法　1869(明治2)年，四民平等の世の中となり，さらに「国民として保護すべき者」を明確にし，その「保護」を目的として「戸籍法」が制定された。同年8月には，長年いわれのない差別を受けていた「エタ」「非人」の呼称の廃止が打ち出された（いわゆる「身分解放令」）。この戸籍法によって，日本史上初の近代的戸籍である壬申戸籍が編纂される。

　北海道における戸籍の完成は，本州系日本人は1873(明治6)年であり，アイヌ民族においては1876(明治9)年であった。戸籍法により「蝦夷と雖も斉く国民たるを以て戸籍編制を初め華夷を別たず」との方針がとられ，これをもってアイヌ民族は法律上，明確に「国民」となった。しかしながら，この政策は民族固有の文化を否定し，強制的な「和人」への同化であり，新たな差別を創出したといえる。

アイヌ民族と戸籍　1871(明治4)年の開拓使からの布達にある，アイヌ民族の戸籍編入の方針はつぎのようなものであった。すなわち，第1に「今後生まれた女子は入れ墨などは禁止」，つぎに「男子の耳輪は禁止」，さらに「言語はもちろん，文字もしっかりと学ぶこと」である。

　1876(明治9)年の開拓使札幌本府からの布達には，これまでの風習を棄てさせ，今後，いっそうの取締りを強化し，違反する者には厳重に処分する，という内容が示されていた。また，同年の根室支庁からの布達では，「旧土人の中には，これまでの名前を用いる者がいるので，今後は一般の名前を使うように」というものや，「旧土人は，普通の名前を使うように」というものがある。これは，民族独自の呼称の使用禁止であり，「和人」風の名前の強要である。アイヌ民族にとっての名前は，文化的に父方の系譜を同じにするものを「エカシ・イキリ」といい，母方の系譜を同じくするものは「フチ・イキリ」と呼ばれ，その系譜は日常生活にとって大きな役割をもっていた。したがって，明治新政府による「創氏」の強制は，アイヌ民族の固有な伝統文化の否定以外の何ものでもなかった。

　戸籍法の制定後，いわゆる「エタ」「非人」呼称はなくなるが，彼らは政府の公文書では「旧穢多」と表記され，一般にも「新平民」と称され，根強い差別が残った。アイヌ民族も同様に，法制的にはむしろ「旧土人」と称することを命じられていたことが指摘でき，戸籍作成段階から彼らを改めて蔑視する姿勢がみられる。戸籍法によって，彼らは「旧土人」という新たな社会的差別を負うことになった。

史料　「戸籍法とアイヌ民族」

◆「1876(明治9)年9月30日付　開拓使札幌本府布達」
「北海道の旧土人に対して，これまでの風習を洗い流し，教化を行い，徐々に人間としての道に入れるために，(中略)特に男子の耳輪や生まれてくる女子に対して入れ墨をしてはいけない。(中略)もし，違反する者がいれば厳重に処分する。

◆「1878(明治11)年11月4日付　開拓使発　札幌本府宛布達」
旧蝦夷の人々について，戸籍上は一般の平民ともちろん同一であるが，いろいろな取り調べを行う上で，一般の平民と区別する呼び方が定まっていない。したがって，今後，区別する場合は「旧土人」と呼ぶように。

〈現代語訳筆者〉

コラム アイヌ民族にとっての「入れ墨」

　昔のアイヌの女性は，12〜16歳ぐらいになると，アイヌ語でシヌイェという「入れ墨」を，入れ墨の上手な年配の女性に数年かけて入れてもらった。これは，成人女性の美しさを象徴するものであると同時に，結婚や儀式への参加が許され，亡くなった時に「あの世」へいくことができるという信仰上の意味をもっていた。

　入れ墨は，口の周りと手の甲，手首から前腕部にかけて入れるのが一般的であったが，時代の移り変わりとともに，口の周りに施すだけの女性が多くなった。

　入れ墨の模様は地域によって異なるが，蛇（龍）のカムイ（神）の口や皮膚の模様をかたどったものとされているが，定説はない。入れ墨は，小刀（マキリ）で皮膚を傷つけたあとに，植物を燃やしたあとのススをすり込んで色を着けた。

　なお，昔の沖縄地方にも女性が入れ墨を入れるという習慣があり，手の甲や手首にかけて施された入れ墨は，やはり成人女性の美的象徴や「死後の世界への手形」などの意味をもっていた。

　つまり，アイヌ民族にとってこの「入れ墨」とは，自民族のアイデンティティとしての誇りであったのである。

幕末から明治初期頃のアイヌの女性を描いた絵

アイヌ女性の手・腕の「入れ墨」

（A）紋別郡内の事例　一八七二年（『新紋別市史』紋別市史編纂委員会編　一九七九年）	（B）山越郡内の事例　一八七三年（『開拓使公文録』五八一八　北海道立文書館蔵）	（C）岩内郡内の事例　一八七五年（『開拓使公文録』六〇一三　北海道立文書館蔵）
第〇番屋敷居住 　チツロ 知都魯 　　　壬申　四十五 妻 　ヘンユトンケ 倍之由登無気 　　　　　　年　三十九 長女 　サエホロ 沙恵保呂 　　　　　年　十六 二女 　ウラエウエシ 有良恵右憲無 　　　　　　年　十三 弟 　ヤエラエ 耶恵良恵 　　　　年　三十二	第〇番屋敷居住 父土人　マカシカモ 　　　改　トサンロク事 漁業 戸桟録平 妻　ニシユツ事 　　　　にし　何年 男　クチヤシキ事 　　　　口弥　何年 男　口弥妻スフチ事 　　　　す　　何年 男女　はる 　　　六年三月何日出生 産土神稲荷社 神葬祭	第〇〇〇番屋敷居住 登麻武計事 　改名　遠山竹蔵 渡辺良事 　改名　遠山萩蔵 第〇〇〇番屋敷居住 伊佐阿伊乃事 　改名　伊藤猪之助 久伊昆呂事 　改名　伊藤猪太郎 留宇計志事 　改名　宇 登喜良武事 　改名　伊藤時蔵 佐武理喜 　改名　伊藤力蔵

明治初期のアイヌの戸籍（海保洋子『近代北方史──アイヌ民族と女性と──』〈三一書房，1992年〉より）

❹ 屯田兵制度の実施

屯田兵の設置　1869(明治2)年の段階で，本州から北海道への移民数は6万人程度であった。北海道開拓の第一義が対ロシアへの防衛であったことから，道内の人口増加と軍備の拡充が政府にとって急務であった。

そのような折の1873(明治6)年，徴兵令が発布されるとともに，秩禄処分が開始される。それらは，士族の収入源を奪い，「武人」としての立場を危うくするものであった。そのため，政府は彼らに「士族授産」という職業斡旋を行うこととなった。

これについては，開拓次官であった黒田清隆(1840-1900)が提出した「屯田設立建白書」に言及がある。その建白書には，北海道に「屯田兵」を設置することにより，対ロシア防衛と北海道内の治安維持，軍事的統制による開墾の促進，そして士族の失業対策になることがあげられている。

1874(明治7)年，黒田の建議を受け，政府は「屯田兵例則」を公布し，翌年には宮城県，青森県，酒田県及び北海道内で募集を行っている。その結果，宮城県から200余戸(1000余人)が札幌郡琴似村に入植した。これが屯田兵の第1号である。東北3県に限っての募集であったことは，ある意味で旧幕府側に属した藩への対応であったことを示している。彼らのなかには，のちの西南戦争に政府軍として出征した人たちもおり，その際，順調に進軍するなかで，鹿児島の市街目前で彼らは戦闘員からはずされた。それは，戊辰戦争での報復を恐れたものといわれている。なお，この戦争で30余人が戦死，あるいは病死している。屯田兵は北海道内部の治安維持という性格に加え，旅団的側面を有し，「外征」のための部隊であったともいえる。

屯田兵の種類　1885(明治18)年には屯田兵の募集地域が全国となり，その後の5年間で，軍事的要所と思われた札幌郡周辺，室蘭，釧路，根室といった海岸部の13カ村に，2900余戸の人々が入植している。募集対象が士族だったため，彼らは「士族屯田」と呼ばれている。1890(明治23)年には屯田兵例則が改正され，平民も募集対象となった。彼らは「平民屯田」と呼ばれた。兵役義務が20年間に限定された彼らは，滝川，旭川，北見といった主に内陸部へ入植していった。その地域は24地区に及び，その数は4400余戸といわれている。

西南戦争に従軍したアイヌ民族　1877(明治10)年の西南戦争に従軍したアイヌ男性がいる。名をイカシテキ(和名，森藤吉)という。彼は1873(明治6)年から開拓使により選抜された10人のアイヌの1人であり，ともに東京で学んでいたが，他の者が帰道するなかで，1人東京で暮らしていた。そこで西南戦争が勃発する。警視庁は巡査隊を徴募するが，そこに彼が応募した。早々に戦地へ派遣される。現地で奮戦を繰り返し，城山攻撃へ前進した。そこで意を決して突入するが，残念にも流れ弾によって戦死する。享年28歳であった。その後，遺族へ金100円の手当があった。「靖国神社に眠る最初のアイヌ民族」といわれている。

札幌琴似に建設された最初の屯田兵舎群

黒田清隆（1840－1900）

> **史料** 屯田兵の生活―ある家族からの手紙
>
> 　チョーット　オタノミモーシマス　二十七日カラ　オカサンが　ネテをリマス　子供モ三人ネテオリマス　オカサンハ　セキがデテイキマセン　目がモーテイキマセン　セキスルタビ左のチチの下のホネのナカイトテオキラレマセン　ソレカ　オイシャーサンニミテモライタイケンド　ゼニがノーテミテモライマセン　ドーしたラヨーゴザイマショーカ　ドーゾコノコトヲテガミニカイテ　オトッサンノトコヘダシトイテクレルトコトハデキマセンデスカ　オとサンガウカラコズカイを一モンモモッテイキマセンカラ　スコシをクテクダサイ
>
> 　子供は　ミチト四郎ト常吉ト三人ネテオリマス　ソノ子供ノナクニコマッテオリマスヨンベカラ　オカサンハ　左ノチチガハレテ　タイヘンウズキマス
>
> 　　　　　　　　　　　　　　　　　　　　　　　　　　　　　二十五連隊　坪野イト

> **コラム** 「囚人労働」と北海道開拓
>
> 　北海道の開拓史の陰の部分に，「囚人労働」の存在がある。1879（明治12）年，参議伊藤博文（1841－1909）は太政大臣三条実美（1837－91）への建議で，「長期の受刑囚を北海道の未開の地に送って耕作させれば，内地における負担と危険が除かれる」と，囚人による北海道開拓を主張した。書記官の金子堅太郎（1853－1942）からの提案も，「囚人に労働させ，もし死亡してもその囚人が減るため，刑務所の経費が削減されるのでこれ以上の政策はない」と主張している。これらにより，囚人労働による開拓が進められた。
>
> 　実際に，1881（明治14）年以降，樺戸集治監（月形町），空知集治監（三笠市），釧路集治監（標茶町）が設置された。自由民権運動における事件の首謀者は空知集治監が最も多く，板垣退助（1837－1919）を刺した相原尚褧も収監されている。大津事件の津田三蔵（1854－91）は，釧路集治監に収監されている。
>
> 　北海道庁の初代長官岩村通俊は，北海道内の道路建設の開削に着手するが，その労働力が囚人たちであった。札幌を起点とし空知太（滝川市）から忠別太（旭川市）までの上川道路，さらに網走から根室までの北見道路などの道路建設が計画され，上川道路開通までにのべ人員43万人余りがかかわったといわれている。この時，釧路集治監は網走に分監を設置する。これがのちの網走刑務所となる。
>
> 　その労働は過酷なものであり，工事中，熊が襲いかかり，狼が暴れ回り，夜は「毒」が襲来したという。囚人なるがゆえ，逃亡できないよう，2人が鎖でつながれ1組となり，労働中も約4kgの鉄玉を足かせとしてつけられた。看守たちには「拒捕斬殺」の権限が与えられていた。

囚人労働者

⑤ 殖産興業政策と北海道

政府の殖産興業政策のなかで

殖産興業と富国強兵が明治新政府のスローガンであったが、その実現に大きな役割を担ったのが北海道であった。

1870(明治3)年に開拓次官となった黒田清隆の建議によって、翌年から開拓予算の増額と「お雇い外国人」の受け入れを積極的に行った。当時、アメリカで農務局長であったホーレス・ケプロン(1804-85)を開拓使顧問に迎えたのはその代表例である。ケプロンの開拓の方針は、畑作、酪農を主とした洋式農法の導入、木材の加工をめざした工業の振興、自由漁業の推進と水産加工品の輸出促進、外国を含めた民間資本による炭鉱開発、及び道内での自給体制の確立であった。

この方針により立案されたのが、1872(明治5)年からの「開拓使十年計画」である。これにより、政府の「保護」による官営事業が本格的に開始された。

北海道における産業の発展

農業では、北海道の気候に類似した北アメリカの畑作品種が導入された。家畜の厩肥(肥料)による地力向上や畜力農機具の採用は、労働力不足を補う点でも大きな意味があった。この時、すでにキャベツ・メロン・ホップ・サクランボ・ブドウなどの作物が生産された。

漁業では、自費で開場した漁場を5年間免税とする政策や、道外での〆粕(魚肥)への需要増によって、1882(明治15)年にはニシンの漁獲高は明治初期に比べ倍増した。

また、工業では約30社の工場が設立された。食品関係では、味噌・醤油・小麦粉といった自給力を伸ばすものや、鮭や鱒、鹿肉などの缶詰工場、ビール工場などが設立されている。生産用品では、馬具・馬車やレンガ工場などがつぎつぎと設立された。

鉱業では幌内炭鉱(三笠市)が開発され、石炭輸送のための鉄道路線延長が計画された。1880(明治13)年には手宮・札幌間で、2年後には札幌・幌内間で鉄道が開通した。ちなみに手宮・札幌間の鉄道開業は、1872(明治5)年の新橋・横浜間、その後の神戸・京都間に続く、国内3番目の開業である。道路建設も進み、幕末期に開通していた「札幌越新道」に加え、1873(明治6)年に函館・森間、室蘭・苫小牧・千歳間の道路が完成した。なお、炭田や鉄道施設、道路の開削には、囚人への強制労働に負うところが多かった。

しかしながら、これらの産業発展はアイヌ民族の生活に大きく影響を与えた。特に漁業の発展は、アイヌ民族の生活を直接的に脅かすものとなった。

手宮・札幌間を試運転する弁慶号

資料 おもな官営事業

工　場	工　場
篠路味噌醤油醸造所	札幌紡績場
岩内製塩所	札幌製鋼所
札幌器械場	札幌麦酒醸造所
函館製革所	札幌葡萄酒醸造所
七重製紙場	石狩缶詰製造所
札幌製粉所	別海缶詰製造所
札幌製紙所	厚岸缶詰製造所
室蘭器械所	美々缶詰製造所
札幌馬具製造所	根室魚粕製造所
	箱館燧木製造所

「学習資料北海道近代のあゆみ」(空知民衆史講座，1984年より作成，一部改変)

コラム サッポロビール

1876(明治9)年，開拓使の官営事業として，札幌に「開拓使麦酒醸造所」が設立された。そこで製造された「冷製札幌ビール」が，現在の「サッポロビール」の名称の原点といわれている。その後，大倉喜八郎(1837－1928)に払い下げられ，1887(明治20)年に渋沢栄一(1840－1931)らと「札幌麦酒株式会社」を設立する。さらに，「恵比寿ビール」を製造していた日本麦酒醸造と「アサヒビール」を製造していた大阪麦酒とが合併し，大日本麦酒株式会社となった。

戦後，過度経済力集中排除法により解体され，朝日麦酒と日本麦酒に分割された。朝日麦酒は「アサヒビール」を製造・販売したのに対し，日本麦酒が「ニッポンビール」を製造したが，1956(昭和31)年，「サッポロビール」が復活し，1964(昭和39)年に現在の「サッポロビール株式会社」となった。

開拓使の札幌麦酒醸造所

開拓使の美々缶詰製造所

第4部　近代国家の成立とアイヌ民族支配

❻ 北海道における「地租改正」

北海道の地租改正

明治新政府にとって，財政の近代化は急務であった。安定した財源の確保と「家禄」支給への支出廃止が当面の目標となり，それらが「地租改正」と「秩禄処分」という政策になった。1872(明治5)年，これまでの「土地売買の禁止」といった封建的制度を廃止するとともに，政府は人々に土地の所有権を認め，その所有者へ「地券」を発行する。翌年「地租改正条例」の公布により，旧来の「石高制」を廃止し，「地価」に基づく金納制に変更した。政府側の収入安定といった点では一定の成功といえるが，他方，小作料が現物納であったため，農民間の格差を拡大させ，「寄生地主」と「貧農」といった二極化が進み，以後の日本経済や社会にとって大きな課題を生み出すこととなる。

北海道での地租改正は，1872(明治5)年9月に制定された「北海道土地売貸規則」と「地所規則」から始まる。

「北海道土地売貸規則」では，官有地とすでに貸し渡している私有地以外の原野や山林を含む一切の土地が対象とされ，1人当たり10万坪(約33 ha)を上限として，「売下」(売り渡し)，「貸下」(貸し渡し)，「付与」(贈与)が可能となった。そのうえで地券が発行され，10年間は地租が免除された。一方の「地所規則」は，前記の規則とは別に，永住者の土地や借地であっても開墾した土地を開墾者の私有地と認め，彼らに地券を発行するもので，その場合は7年間は除租(免税)となった。

1877(明治10)年には，「北海道地券発行条例」が制定される。この条例は，土地を「宅地」「耕地」「海産干場」「牧場」「山林」の5種類に分別し，官有地以外をすべて私有の対象とするもので，それぞれに地券を発行し，地租を課すことを決めたものであった。

これらの政策は，北海道における近代的土地所有権の成立といえ，その後の拓殖政策に大きな意味をもった。本州で形成されつつあった資本家や企業家にとって，絶好の投資対象となり，さらには本州からの移民たちにとっても魅力的な「無主の地」となった。

アイヌ民族と地租改正

アイヌ民族にとって，これらの規則は，これまでの中心的生業である狩猟や漁労，伐木などに利用していた山林，河川などの土地を国家が取り上げ，「和人」に売り下げ，「和人」の私有を認めるものであった。

そして，アイヌ民族の生業，生活の場であった多くの土地が失われていった。こうした政策によって，先住民であるアイヌ民族への影響が，生死にかかわる問題になったといわなければならない。

江戸時代の「場所請負制度」は廃止され，請負商人からの収奪から解放されたことになるが，新たに漁場は和人の私有地になった。また，「山林」「原野」など狩猟の場は，官有地や私有地と化した。さらに，地券発行条例にある「旧土人が居住している土地は，その種類を問わず当分全て官有地に編入する」という条項は，彼らが安住する家所すらも一方的に政府に奪われることを意味していた。

その後，政府は「旧土人保護法」(p.90参照)を公布し，名目的にアイヌ民族の「保護」を進めるが，それらも彼らの生活を困窮させるものであったのである。

開拓使発行の地券

> **史料 禁じられたアイヌ民族の生業と土地利用**
>
> ◆「開拓使布達」 1876(明治9)年9月24日発
> これまで旧土人たちは毒矢を使って獣類を刺殺する風習があるが，(中略)これからは堅く禁止する。それによって旧土人は一時的に生業を失うため，他の新たな生業に移るように。又は猟銃を使おうと思う者には貸し渡す。その場合は年々収穫する鹿皮の10分の2を猟銃使用料として支払うこと。
>
> ◆「北海道地券発行条例」 1877(明治10)年12月13日 制定
> 旧土人(アイヌ)が住居している土地は，その種類に関係なく，当分すべてを官有地に編入する。(中略)山，林，沢，原野などはすべて官有地として，差し支えない場合は，人々の要望により有料で貸し渡し，または売り渡してもかまわない。
>
> (現代語訳筆者)

❼ 明治初期外交と「アイヌ」

樺太・千島交換条約

1854(安政元)年,「日露和親条約」が締結され,択捉島と得撫島間をロシアとの国境線とし,樺太島(サハリン)は従来通り両国民の雑居地となった。

その後,ロシア兵による数度にわたる鰊漁場・アイヌ墓地の破壊などが発生し,現地で両国間の紛争が頻発していた。そこで,明治新政府は樺太島を開拓使から分離し,黒田清隆を専任として「樺太開拓使」を設置した。1870(明治3)年,黒田は現地視察に赴き,その調査報告のなかで,ロシアの脅威を強く主張する。しかし,現実的に樺太島の開拓は困難であるとし,政府は「樺太開拓使」の廃止を決め,反面で北海道開拓に全力を尽くす方針とした。

1874(明治7)年,その方針を交渉するため,政府は旧幕臣榎本武揚を首都サンクト・ペテルブルクへ派遣し,1875(明治8)年5月,樺太・千島交換条約が締結される。このことによって,樺太島をロシア領とし,千島全島を日本領とすることになった。

条約締結とアイヌ民族

日本政府は1875(明治8)年8月,樺太島と千島全島の先住民族の取り扱いについて協議し,移動については住民の自由意志により,3年間以内に判断し,選択した国の国籍が取得できることが決定された。

ところが,翌月,政策は一転し,日本政府は樺太島に住むアイヌ民族を強制的に北海道内に移住させることとした。その月中に,約100戸(約850余人)が一担宗谷に移され,翌1876(明治9)年には札幌郡対雁村(江別市)への移住が強制的に行われた。

当初,開拓使は移住民に移住費用,食料,宅地及び耕地,さらには石狩方面での漁場などを給与したが,その給与期限が過ぎると多くのアイヌはその地から離れていった。過酷な生活状況が容易に推測できる。残ったアイヌ民族も,コレラと天然痘の流行で300人以上が死亡した。日露戦争後,ポーツマス条約によって南樺太が日本領となった時,そのほとんどが故郷である樺太に帰っていった。

一方,日本領となった得撫島から占守島までの千島列島の住人は,ロシア正教の信者が多く,ロシア風の氏名を名乗るなど,ロシア文化の影響を強く受けていた。そこで,政府は「ロシア化」を防ぐため,特に占守島の住民をすべて1884(明治17)年に色丹島に強制移住させた。その数は約100人であった。この時,日本政府は戻らぬようにと,彼らの家屋を焼き払った。色丹島に移された彼らは,アザラシを常食としており,与えられた漁場の悪さなど,急激な環境の変化によって,実に1889(明治22)年には66人に減少した。

色丹島に強制移住させられた北千島アイヌの集落(1891〈明治24〉年)

コラム 「対雁」の丘

　江別市郊外の小高い丘に,「対雁」の墓苑がある。
　その墓苑に,樺太アイヌの墓が3基ある。その一つには,「乗仏本願生彼国」と記されている。「仏の願いにすべてお任せすれば,必ず浄土に往き生まれる」という意味であろう。
　樺太島から強制移住させらた彼らにとって,対雁での生活は過酷であった。中心的生業である漁業では,数カ所の漁場があったが,実際は収支で赤字が続き,移住してからの6年間で2万円余りの負債となった。奨励された農業も,投資した費用の半分の収入にとどまった。そんな折,コレラと天然痘が彼らを襲った。1886(明治19)年の7月から流行が始まり,翌年2月までのわずか8カ月間で住民のほとんどが罹患し,実に300人以上が死亡した。
　1964(昭和39)年,墓苑周辺で土砂崩れが起こり,「樺太移住旧土人先祖之墓」と記された墓の周辺から多量の人骨が現れた。それまでも,周辺地域から骨片や玉,刀剣といった明らかにアイヌ民族を示す副葬品が出土していた。江別市は本格的な遺体掘り起こしと供養を始め,北海道大学医学部は調査に入った。その報告によれば,土葬遺体6体と火葬遺体100余体が確認できたという。記録によると,1886(明治19)年は毎日死者が出ており,多い時には1日に10人を超えたとされる。

対雁アイヌの人々

真願寺対雁の碑(樺太殉教者追悼の碑)

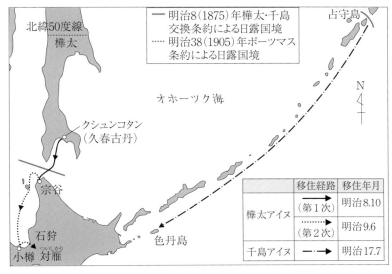

樺太・千島のアイヌ民族の強制移住
(財団法人アイヌ文化振興・研究推進機構編『アイヌ民族に関する指導資料』による。)

第4部　近代国家の成立とアイヌ民族支配

第2章　内国植民地化の進む北海道

① 北海道の自由民権運動

北海道内の自由民権運動

1874（明治7）年，板垣退助（1837－1919）らは東京で愛国公党を結成し，「民撰議院設立の建白書」を太政官の左院に提出した。自由民権運動の始まりである。

この建白書の提出に対して，山形で生まれ室蘭に在住していた本多新（1843－1914）は，すぐさま東京に向かっている。本多は，すでに「全国の貧民を北海道に移住させる義建言」を左院に提出するなど政治活動を行っており，政府当局から「不敬」なる者として危険視されていた。その彼が，本格的に自由民権運動に参加するのは，1880（明治13）年である。前年，北海道で民権運動に関する議論が『函館新聞』に登場し，千葉県での国会期成同盟からの呼びかけ記事が掲載された。本多はその呼びかけに対して即座に反応し，元老院へ「国会開設ノ儀」を建白し，同時に全国の有志宛てに「国会開設ノ檄文」を書いている。

その檄文には，国会を開設し，人民がともに集合し協議することで国家方針を定め，天皇ですらも暴悪な時は国会で議論して交代を求めることなどを述べており，「国の義務を尽くそうとするなら，国の基本を定める国会開設を捨ててはできない」とまさに檄をとばしている。その後，本多は自由党に入党するが，札幌農学校（現，北海道大学）の校長に面会し，学生を自由党に入党させるように迫っている。当時，「狂人視」されたといわれるが，北海道での自由民権運動をリードした人物であることは間違いない。

自由民権運動とアイヌ民族

『北海道毎日新聞』主筆であった久松義典（1855－1905）は，立憲改進党の結成運動に参加している。彼は運動のなかで，アイヌ民族への差別を痛烈に批判している。「北海道の原人種はアイヌ種族なるか」という論文のなかで，アイヌ民族は我が国の国民であり，他の民衆と同じように立憲化の徳を受けるべきであると主張している。さらに，『狡猾の和人とアイヌ』という小説では，和人のアイヌ民族からの土地横領の実態を痛烈に批判した。

全国的レベルで自由民権運動をリードし，「東洋のルソー」と呼ばれた中江兆民（1847－1901）も，同様にアイヌ民族に対する差別視を批判した。中江は，第1回帝国議会で政府の自由党買収工作に憤激して議員を辞職するが，その後，北海道に渡りアイヌ差別の現状について，「水晶のような，童子のような彼ら『土人』を恐嚇し，騙し，命に懸けて猟獲する熊の毛を奪い取るようなことは実に恥しさの極み」であると著した。

本多　新（1843－1914）

久松義典（1855－1905）

中江兆民（1847－1901）

> **史 料** 北海道における民権家主張

◆「国会開設ノ儀」本多　新

　政府なるものはもともと国民3500万人の一大結社の別名であり，いやしくも現在政府の中心は役人でもなく，兵隊でもなく，皆すべて人民である。（中略）国会を開設し，民衆も参政の権利を有するべきである。
　天皇は，君主と人民による政治により我が国を世界の一大美善国(びぜんこく)にすることを求めなければならない。

◆「国会開設ノ檄文」本多　新

　2，3の大臣の智恵よりも3500万人民の智恵の方が優れている。
　もし天皇が甚だ暴悪の時は，国会を議し，代わりを出させること。
　日本は君主と人民との協力で政治を行わなければ安泰(あんたい)しない。
　北海道は遠いので民権運動の中心地には行けないが，北海道を扇動(せんどう)して同士諸君の後についていきたい。

◆「中江兆民のアイヌ感」

　嗚呼(ああ)我が日本人どもよ，正(まさ)にどん欲でずるさの固まりのような者どもよ。（中略）水晶でつくられた子供のような，彼らアイヌの人々を，おどし，だまし，その命をかけて獲得した熊の毛を奪い取るようなことは，実に恥ずかしさの極みである。（中略）無情で無残な日本人どもは，その泥だらけの晴れ着で，アイヌ民族の純粋無垢な普段着を汚(むぐ)しておいて，なんたることか。

（現代語訳筆者）

> **コラム** 井上伝蔵と北海道

　「松方デフレ」による増税などの政策によって農民生活が困窮し，各地の民権家が蜂起する。農民による民権運動の「激化」とされるものである。その最大の事件が，1884（明治17）年に起きた秩父事件である。
　埼玉県の秩父地方は養蚕が盛んで，生糸による収入が多くを占めていた。その頃，ヨーロッパは不況下にあり，その影響で生糸価格の暴落を招き，秩父地方の農民は他地域以上に困窮していた。そんな状況下で，自由党員らによって「困民党(こんみんとう)」が結成される。その会計長として中心的な役割を果たしたのが井上伝蔵(でんぞう)（1854－1918）である。彼らは，数度の集会のうえ，きびしい「軍律」を掲げ，暴力的手段は取らず，減税を嘆願することを目的として蜂起した。しかし，彼らの蜂起の規模を知った政府は，警察隊・憲兵隊だけでなく東京鎮台の軍隊を導入する。その結果，蜂起からわずか4日間で鎮圧され，約1万4000人が処罰され，井上伝蔵ほか6人は死刑判決となった。
　井上は逃亡を企て，北海道に渡り，伊藤房次郎と変名し，石狩で代書業を営みながら34年間潜伏するが，その後，現在の北見(きたみ)市に移住した。秩父から妻を呼び寄せ，享年65歳で没する。秩父事件の首謀者であることを隠し続けながらも，死の直前に子どもたちにみずからの生涯を伝えたといわれている。明治政府の高圧的政治姿勢に翻弄(ほんろう)されながらの，まさに波乱に満ちた人生である。俳句を好みとし，「思いだすことみな悲し秋の暮」など，多くの句を残している。ちなみに，彼の生涯は「草の乱」（2004年）として映画となっており，主人公伝蔵を緒方直人(おがたなおと)が演じている。

❷ 開拓使官有物払い下げ事件

開拓使官有物払い下げ事件の実態　1881（明治14）年，開拓使官有物払い下げ事件が起こる。この年は「開拓使十年計画」の最後の年にあたり，開拓使によって設立された官営工場や牧場，船舶，官舎などを民間へ払い下げる誓願を開拓使の旧官僚が政府へ提出したことから事件が始まる。開拓使が投資した1400万余円の各種官有物をわずか38万7000余円で，しかも支払い方法を無利子30年賦とするものであった。そのなかには，開拓使麦酒醸造所（現，サッポロビール）も含まれている。

開拓長官の黒田清隆は，払い下げの受け皿として新たな結社を創出しようと，同じ薩摩藩出身の五代友厚（1836－85）とはかり，「関西貿易社」という名の会社を起業した。政府内部では，前大蔵卿であった大隈重信の反対があったが，これを退け，同年8月，政府として許可した。

それに対し，『東京横浜毎日新聞』，『郵便報知新聞』などがその内容を告発し，徹底した批判を展開するとともに，各地では不正行為をただす演説会が行われた。これらは，払い下げ先が黒田と五代であったことを薩摩閥の癒着と批判し，ついには開拓使の成果への批判に及んだ。やがて，この動きは自由民権運動に連動していく。事件の告発は，大隈が薩摩・長州閥の封じ込めをねらい，国会の早期開設を意図したものといわれる。しかし結果は，大隈の罷免というものになった。いわゆる「明治十四年の政変」である。なお，『東京横浜毎日新聞』はのちに大隈が設立する立憲改進党系の新聞となり，党の主張をその論説としていった。

一方，黒田はいったんは辞職を決意するが，同郷の西郷従道（1843－1902，西郷隆盛の実弟），樺山資紀（1837－1922）の説得で政府にとどまった。西郷隆盛（1827－77），大久保利通（1830－78）という維新の英傑を失った薩摩閥の結束がみられる。

払下げ事件とアイヌ　これらの官有物，すなわち鮭や鹿の缶詰製造所や〆粕の製造所は，アイヌ民族にとって生業や生活の場を奪うものであり，そのうえに建設されたものである。大量の本州系移民の移住にともない，アイヌ民族の生活空間が奪われた。生業面においては，漁業では鮭漁が規制され，「ヤナ」といった伝統的魚法が禁止され，狩猟も鹿などの獣類捕獲が規制されていった。なによりも，山林や河川，原野といった空間が，「無主の地」として一方的に公有化され，アイヌ民族にとって生業の場が奪われていったのであった。政府高官や政商らがねらった開拓使官有物とは，アイヌ民族の犠牲のうえに建設されたものといえる。

開拓使の別海缶詰製造所

官営工場でつくられた鹿肉缶詰の実物

> **史料** 新聞にみる払い下げ事件
>
> 　そもそも開拓使は，関西貿易社と約し，北海道の物産をあげて，この商会だけに売り渡すこととする権限があるのか。私が考えるに，開拓使は決してそのような契約を取り結ぶ権限などないと断言できる。（中略）このような契約は一人が利して万民には不利益を与えるもので，（中略）そもそも開拓使が設置されてから，既に十年，我々人民は北海道より生まれた利益を受けたのか，また，一方でその損益を受けたのかよく考える必要がある。
>
> 　我々人民は，開拓使のために損益しか受けていない。明治五年より今日まで，一千三四百万円の消耗を受けたのは我々人民である。
>
> 『東京横浜毎日新聞』

> **コラム** 天川恵三郎──「政商」と闘ったアイヌ民族
>
> 　開拓使麦酒醸造所は，1886（明治19）年，大倉喜八郎（大倉組，1864－1934）が2万6672円で，しかも支払いを2年間据え置きの8年賦で買い取っている。その後，大倉は旭川での陸軍の第七師団設置にともなって，隣接する上川アイヌの給与地の買収計画を画策した。これに正面から抵抗したのが，天川恵三郎（アイヌ名はイサラ，1864－1934）である。1864（元治元）年，小樽に生まれた天川は青年期に浜益（石狩市）に転居したが，義俠心に強く「イソウンクル（獲物捕りの名人）」と周囲から尊敬されていたという。
>
>
> 天川恵三郎
>
> 　彼が30代の半ば頃，アイヌへの給与地買収計画が起こる。すぐさま旭川に入り，反対運動を行っている。札幌での運動中，浜益の自宅から「カカア死ス　スグカエレ」という電報が届くが，「カエラヌ　ソーシキ　タノム」と返信したという。さらに，上京して大隈重信らに談判し，大倉の策謀を食い止めることに成功した。その後，土地確保のため多額の借金をし，訴訟問題へと発展するが，終始，上川アイヌの生活維持をめざしていた。
>
> 　ちなみに，一方の大倉は，西南戦争での軍事物資の供給，さらに日清・日露戦争の軍需によっていわゆる「死の商人」として巨大財閥をなし，「鹿鳴館」「帝国ホテル」「帝国劇場」などを設立し，現在の大成建設やオークラホテルへと続く。札幌の「大倉山ジャンプ場」は，彼の子の寄付によって完成し，その名がつけられた。

石狩川河口の鮭漁業（明治初期）

❸ 三県一局時代から北海道庁の設立へ

三県一局体制へ　1882(明治15)年1月，開拓長官に西郷従道が就任するが，翌月「開拓使十年計画」の終了により開拓使が廃止された。その後，北海道には「函館県」「札幌県」「根室県」の3県が設置され，他県と同様に県令がおかれ，函館県に時任為基(1842-1905)が，札幌県には調所広丈(1840-1911)が，根室県には湯地定基(1843-1928)が任命された。すべて「薩摩」出身者であり，開拓使への黒田の影響力の大きさがうかがえる。

　県の業務は，一般的地方行政事務だけであり，その他の開拓事業は農商務省・工部省・陸軍の管轄下にあった。しかしながら，各省間の連携が困難となるや，農商務省内に北海道事業管理局が設置され，現地には札幌工業事務所など7つの事務所がおかれた。これを三県一局体制という。

　現実には，各県に議会がなく，また行政と開拓事業が別だったこと，加えて松方デフレ政策による深刻な不況が重なり，開拓事業は順調に進展しなかった。

「北海道庁」の設立　アイヌ民族に対する政策は，開拓使時代と同様に「保護」「同化」の名による勧農政策を中核とした。しかし，バッタの大量発生や深刻な干ばつ，さらには本州からの移民の増加によって，アイヌの生活は悪化する一方であった。

　そもそも，三県間での地域格差による政策課題の違いや内務省管轄下の県制と農商務省内の北海道事業管理局とでは，統一的政策の遂行は困難なものであった。その結果，三県一局体制の成立当時からさまざまな北海道政策論が展開された。そこで伊藤博文は，1884(明治17)年に金子堅太郎(1853-1942)に北海道の実態調査を命じた。その報告書で，三県の廃止と「殖民局」の設置が提案されている。1885(明治18)年，内閣制度が発足し，太政官が廃止されることで，国内の政治制度が大きく変化した。

　その一環として，1886(明治19)年1月，初代長官を岩村通俊として，札幌に「北海道庁」が設立された。ここで興味深いのは，道庁設置までの過程で，山県有明や岩村が旭川への設置を建議したことである。また，種々の議案では「殖民局」という名称であった。すなわち，札幌に「北海道庁」が設置されるまでに，さまざまな議論があり，初めから札幌ありきではなかったことが指摘できる。また，内閣制度の設立が1885年の12月22日であり，北海道庁の創設が翌年の1月26日であることから，内閣制度に向けての長州・薩摩・土佐閥，そして「宮中」間の思惑が，その創設に大きく影響したことが想像される。ここから1947(昭和22)年までの61年間，北海道庁による諸事業が進められる。政策方針は，本州からの民間資本の流入をめざし，開拓の主体を「官」から「民」へと大きく転換するものであった。

　アイヌ民族への対応も大きく変化した。彼らは，本州から多量に流入される大資本のなかで，伝統文化に根ざした生業を失い，生活に困窮し，やがて賃労働者となる場合が多かった。つまり，かつてアイヌ民族にとって「アイヌ・モシリ(人間の大地の意)」であった世界が，日本国内の「内国植民地」と化し，これまで以上に過酷な収奪が行われ，民族としての存続すらも脅かされる世界になったことを示している。

資料 「道内アイヌ民族の人口推移」

年（年号）	戸　数			人　口		
	アイヌ（A）	全道（B）	比率（A/B）	アイヌ（C）	全道（D）	比率（C/D）
1873（明治6）	3,599	24,744	14.5%	16,272	111,196	14.6%
78（明治11）	3,879	38,149	10.2%	17,098	191,172	8.9%
83（明治16）	3,768	48,716	7.7%	17,232	239,632	7.2%
88（明治21）	3,878	72,677	5.4%	17,062	354,821	4.8%
93（明治26）	4,038	111,184	3.6%	17,280	559,959	3.1%
98（明治31）	4,062	172,896	2.3%	17,573	853,239	2.1%
1903（明治36）	4,107	201,606	2.0%	17,783	1,072,280	1.7%
08（明治41）	4,314	277,444	1.6%	18,017	1,446,313	1.2%
13（大正2）	4,471	329,922	1.4%	18,543	1,803,181	1.0%
18（大正7）	4,264	400,015	1.1%	17,619	2,167,356	0.8%
23（大正12）	3,556	448,717	0.8%	15,272	2,401,056	0.6%
26（昭和元）	3,510	458,418	0.7%	15,247	2,437,110	0.6%
31（昭和6）	3,517	499,901	0.7%	15,969	2,746,042	0.6%
36（昭和11）	3,652	546,288	0.2%	16,519	3,060,577	0.5%

『北海道近代民衆のあゆみ』（空知民衆史講座，1984年）より

コラム　シャモが持ち込んだ結核

「しかし，なんと言っても一番長く根をはびこらせてアイヌを苦しめたのは結核だよ。（中略）俺が結核という怖ろしい言葉を聞いたのは，シャモが入ってきてからだよ。最初に家の者がシャモの家に住込みで働いたんだ。そしたら半年もしないうちに体の調子が悪いとして帰ってきてな，まもなく死んだのよ。考えてみればあれが結核の菌をコタンへ植えつけた最初になるんだ。それから俺の家を中心に次々と結核が蔓延してな。金もないから病院にかけることもできん。だから家で寝かしておくだけだ。家も狭いし，今度は子供たちがバタバタと寝込んでな，おっかあーをはじめ，子供は八人のうち五人まで結核で死んでしまったさ」。

（『アヌタリアイヌ』第8号，1974年より）

これは平取町の萱野喜太郎の回想である。明治20年代以降，結核患者が急激に増加するが，アイヌ民族の死亡率が非常に高い。たとえば，明治末期の総死亡者に占める結核による死亡者率が，全北海道で9.7%に対して，アイヌ民族では22.8%とされる。特に十勝・日高・上川のアイヌ民族の場合，大正初期で全道平均が7.47%，アイヌ民族で25.31%に対して，十勝で48%，日高で33.7%，上川で30%であった。

（『旧土人に関する調査』北海道庁，1919年より）

その原因は，彼らアイヌ民族の当時の困窮した生活状況と栄養不良な状態による抵抗力の低下といえるが，最大の要因は結核菌に対する免疫力のなさといえる。多量の本州系移民によって，もたらされた新たな病であった。

竣工直後の北海道庁庁舎
（1889〈明治22〉年頃）

第3章　明治立憲国家とアイヌ民族

① 大日本帝国憲法の制定と北海道

大日本帝国憲法と北海道　1885(明治18)年，内閣制度が発足し，1888(明治21)年に市制・町村制が公布され，翌1889(明治22)年に大日本帝国憲法が発布された。この時，衆議院議員選挙法が同時に公布されたが，北海道はいまだその制度下にはなかった。つまり，北海道に居住している者は，選挙を通じて国政にかかわることはできなかったのである。

市制は内務大臣の権限で北海道は除外され，町村制も「此の法律は北海道，沖縄県其他勅令を以て指定する島嶼地域(小笠原諸島)」は別に定めるとして除外された。また，衆議院議員選挙法についても「準行するの時に至るまで此の制度を施行せず」とされた。

そして，日清戦争前，第2次伊藤内閣の内務大臣井上馨(1835-1915)が道内視察のため来道し，「未だ他府県同一の制度を画一に適施し得るの時期に達せず」と報告しているが，対ロシア防衛の見地から，1899(明治32)年，「北海道区制」により札幌，函館，小樽が「区」となった。

その後，北海道に市制が施行されるのは1922(大正11)年以降であり，同年に札幌，函館，小樽，室蘭，旭川，釧路が市となったのである。

「北海道会」の設立　第1回衆議院議員選挙後，帝国議会が開催された。第1回帝国議会で北海道関係予算の削減が決定すると，北海道出身の議員が不在であることへの不満が高まり，「北海道議会開設運動」が展開した。1901(明治34)年，第15回帝国議会において「北海道会法」と「北海道地方費法」が可決され，地元議会が設立される。これは，これまで北海道内の開拓事業費は政府が負担していたが，道内町村の増加にともなう費用の増大に対応するため，「北海道会」に地方費の負担・運営を任せることを念頭においたものであった。

同年，第1回北海道会議員選挙が行われ，定員35名のところ補欠を含め43名が当選している。北海道会では，道内の主要産業である水産業と農業がそれぞれ派閥を形成し，「海派」対「陸派」といった政治構造が長く続いた。

一方の衆議院議員選挙法は，1900(明治33)年の第2次山県有朋内閣の選挙法改正時に，初めて道民に選挙権と被選挙権が認められ，札幌・函館・小樽の3区から各1名，加えて札幌県，旧函館県，根室県から各1名の計6名の衆議院議員が選出されることになった。

北海道会

資料 本州・北海道・沖縄の制度的格差

制度	本州	北海道		沖縄	
廃藩置県	1871年実施	1869年 1882年 1886年	開拓使設置 札幌・函館・根室県設置 北海道庁設置	1872年 1879年	琉球処分(琉球藩設置) 沖縄県設置
市制・ 町村制	1889年実施	1899年 1900年 1902年 1922年	区制施行(札幌・函館・小樽) 1級町村制施行 2級町村制施行 市制施行	1896年 1908年 1920年 1921年	区制施行(那覇・首里) 沖縄県及び島嶼に町村制施行 町村制施行 市制施行
府県制	1890年実施	1901年	北海道会設立	1909年	特別県制施行
衆議院議員 選挙法	1890年実施	1902年 1904年	函館・札幌・小樽で選挙実施 全道で選挙実施	1912年 1919年	宮古・八重山以外で実施 全島で実施
徴兵制	1873年施行	1889年 1896年 1898年	函館・江差・松前で施行 渡島・後志・胆振・石狩の4 カ国で施行 全道で施行	1898年 1902年	宮古・八重山以外で施行・実施 全島で施行
地租改正	1873年施行	1877年	北海道地券発行条例制定	1899年	沖縄県土地整理法施行

(『新版 北海道の歴史 下』〈北海道新聞社〉より,一部改変)

コラム 北海道と夏目漱石

1872(明治5)年,「国民皆兵」をめざし「徴兵告諭」が示され,翌年「徴兵令」が発布された。一方で,多くの兵役免除規定があり,それを利用して徴兵を忌避する傾向が国民のなかにあった。1876(明治9)年では徴兵適齢者の80%が兵役免除となっている。

その動向に危惧した政府は,3度にわたり徴兵令の改正を行い,免除規定の見直しを行う。特に壬午・甲申軍乱,対清関係の緊張化にともない,1889(明治22)年の改正では徴兵猶予規定の全面的見直しを行った。たとえば,戸主に認められていた平時徴集猶予が全廃され,中学校以上の在学者は満26歳までを徴兵猶予とするなど,厳格化され徴兵を遂行した。そのような状況下で,徴兵制の施行が行われていなかった北海道は,合法的な徴兵忌避の地域となり,戸籍を北海道に移す人々がいた。

そのなかに夏目漱石(1867-1916)がいる。漱石は1892(明治25)年に東京市にあった本籍を北海道岩内郡吹上町に移した。漱石25歳の時であり,猶予期限年齢の1年前のことである。ちなみに,1914(大正3)年に再び東京に移籍するまでの間,一度も北海道に行った形跡はない。

夏目漱石

漱石自身,中学校時代に受けた軍事教練に対して,「形こそ人間でも,鈍感な動物か,機械的な道具のごとく遇される」と評している。

以後,「個人主義」を唱えた漱石にとっては,軍隊という強制組織に対する,その思想の表現であったのかもしれない。

❷ 日露戦争とアイヌ民族

日露戦争と北海道

北海道での徴兵令施行は1889(明治22)年で，その対象は旧松前藩領地域に限られた。その後，徐々に対象地域は拡大していくが，当初の入営先は仙台にある第二師団であった。

日清戦争が激化するなか，1895(明治28)年，屯田兵約4000人が召集され，臨時第七師団が構成された。師団司令官には，当時，屯田兵本部長であった永山武四郎(1837-1904)が任命された。彼らは満州方面での戦闘に参加する計画で，小樽港から出征するが東京で待機となり，戦況の変化により帰還命令が発令され，幸いに一戦もまみえず帰路に着くことになる。

日清戦争後，三国干渉によるロシアに対する敵愾心の高揚でロシアとの戦争が現実味をおびるなか，陸軍は大幅な軍備拡大を計画する。その結果，第七師団が対ロシア防衛上の最重要地であった北海道の月寒(のち旭川)に設置された。

アイヌ民族にとっての日露戦争

旭川の師団設置地域は，当時の上川アイヌの生活空間であった。明治20年代後半まで，アイヌ民族は現在の旭川市周辺に3つの集落を成していたが，上川道路の開通や屯田兵の入植によって，彼らは「近文」の地に集住を余儀なくされていた。政府から「給与地」として与えられるはずの土地であった。そこに，第七師団の設置が決定する。1900(明治33)年，師団司令部の設置が決定した翌年，アイヌ民族への給与地が突然に給与「予定」地とされた。ここから，いわゆる「近文アイヌ地問題」が始まる(p.111参照)。

日露戦争において，応召されたアイヌ民族は大いに奮戦した。その代表が北風磯吉(1880-1969)である。名寄出身の彼は，1900(明治33)年，いわゆる甲種合格で第七師団歩兵第25連隊に入隊し，満期徐隊後，日露戦争の勃発にともなう召集により，再度第25連隊に入営する。旅順攻略戦では白襷隊という特攻作戦に志願し，いわゆる旅順の203高地の激戦に参加した。その後の奉天会戦では，敵軍内に孤立した状態で援軍を求める伝令となり，その任を果たした。

戦後，彼は功七級金鵄勲章を授与された。北風のみならず，この戦闘には63人のアイヌが参戦しているが，実に58人がその戦功により叙勲している。しかしながら，その後，彼の戦争での働きは「勇敢なる旧土人」「功七級のアイヌ人」として賞賛され，結果的にアイヌ民族に対する愛国心の高揚や天皇への忠誠心向上に利用されることとなった。

北風磯吉(従軍時)

近文・月寒の位置

コラム 弁開凧次郎──八甲田山雪中行軍遭難事件

　日露開戦が現実化されようとした1902（明治35）年，陸軍は厳寒の地が戦場となることを想定し，その演習を兼ねた八甲田山の雪中行軍を行った。青森からは歩兵第5連隊が，弘前からは歩兵第31連隊が出発する。しかしながら，天候の悪化と装備の不備から山中で遭難した。この事件は，いわゆる「八甲田山死の彷徨」と呼ばれている。その救援と捜索のために，歩兵第5連隊はアイヌ民族への協力を要請した。それに対し，茅部郡落部村のアイヌ・弁開凧次郎（1847－1924）を中心として，10人のアイヌが現地へ向かった。

　弁開凧次郎は1847（弘化4）年，オトシベツ・コタン（八雲町）に生まれ，アイヌ名は「イカシパ」といい，22歳でコタンのリーダーとなった。1876（明治9）年，戸籍法の適用を受け，日本名を名乗るようになる。67日間の捜索であったが，生存者に遭遇することはなかった。ちなみに，弘前第31連隊が全員生還したのに対し，青森第5連隊は210人が参加したが，生存者はわずか11人であった。

　その後，この経験から，弁開は陸軍内部に「アイヌ部隊」の編制を陸軍大臣宛に陳情書を提出している。それによると，「野蛮」であるとみずからを卑下しながらも，アイヌ民族は生来の慣習として雪中での寒さに耐えることができ，吹雪のなかでも道に迷うことがないこと。したがって，アイヌ民族の部隊を設立すれば，最も適切な戦闘ができると主張している。さらに，その際，特別な「給金等」を欲しないと記した。しかしながら，陸軍省はすでに完成しつつある軍隊以外に部隊の必要性はないとの理由で，弁開の要望を却下した。

203高地の激戦

弁開凧次郎

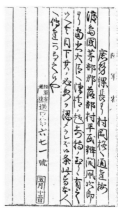
アイヌ部隊編制の要望書

第七師団兵舎（写真は1909〈明治42〉年，歩兵第26連隊のもの）

❸「内国植民地」政策とアイヌ民族

北海道の「内国植民地化」

1899(明治19)年に初代北海道庁長官となった岩村通俊の施政方針演説は、「北海道は『創開の地』であり、『内地同一の制度に依らず』、『植民地』として開拓が必要であり、そのため本州からの『資本の移住』を積極的に進める」というものであった。

この時、日本列島内部では、「松方デフレ政策」の結果、いっきに資本主義が形成されていった。これは、その状況下で本州系資金を積極的に導入し、それによる開拓をめざしたものであった。北海道が、日本の「内国植民地」となったことを意味するものである。

岩村は「新起事業計画」を策定し、具体的に政策を推進していく。政策の基本は、1886(明治19)年の「北海道土地払下規則」であった。この規則のもとで、「国有未開地」の処分が行われ、農地の開墾、牧畜、植樹のために10年間無償での土地の貸し付けを認め、成功した場合は無償付与するものであった。この規則は、結果的に北海道が本州系資本家の「私有地」になることを促した。

3代長官渡辺千秋(1843-1921)は、道内大企業の規制をめざすが、それ以降は、岩村の政策がほぼ継承され、その後の北海道政策の基本的なものとなった。

アイヌ民族と「植民地政策」

これらの政策によって、アイヌ民族の生活環境が急変し、生活破壊や文化の存続に大きな影響を与えた。海岸部では本州系資本による漁場経営が進められ、アイヌ民族は資本家の「漁夫」という労働者に転化するか、あるいは生業である漁業を捨てて内陸部へ移動せざるを得なくなった。一方の内陸部は、本州系移民により耕作適地は押さえられており、アイヌ民族を不毛の原野へ追いやる結果となった。地力の低い地での農耕は過酷な生活を強いられ、やがて、本州系資本が経営する農場での雇夫となったり、炭鉱開発や道路建設への出稼ぎによって辛うじて生活を維持する状態となった。このようななかでは、「壮男は魚場に出稼し、老人婦人は馬鈴薯を作り、又は草を採りて」生活を維持し、なかには「其女子の過半は和人の妻妾」となることがあったという。

こういった政策の結果、本州系資本家は北海道への大規模な人口移入をさらに進めた。そのため、先住民族であるアイヌ民族側はますます少数派となっていった。そこから、「劣等者」、「滅び行く民」といった新たな差別感が形成されていった。急激な資本主義社会化は、アイヌ民族に大きな影響を与えた。

丸木船のアイヌ民族

コラム 幻の「北京」設置政策

　1882(明治15)年,会計検査院長岩村通俊が北海道を視察し,太政大臣三条実美に対し,「奠北京於北海道上川議」といった建議を提出している。「北京」とは,当時,天皇の居所であった「東京」と京都の「西京」に対するものである。本州系移民の増加と対ロシア防衛の強化を目的とし,北海道の中心部の開拓を天皇の威光により進めようとする計画であった。

　1885(明治18)年,司法大輔となった岩村が,再度の視察の際,「近文山(旭川市嵐山)」に登り,上川盆地を観察した。この時,岩村は石狩岳が「比叡山」に,眼下の盆地に流れる川が「鴨川」に似ており,「何ぞ甚だ西京に類するや。これ実に我邦他日の北都なり」という感想をもち,帰路の函館で北京を北海道の上川におく再議を,三条実美に郵送した。

　初代北海道庁長官となった岩村は,その実現に向けて「上川道路」建設などを進めた。第2代長官永山武四郎(1837－1904)もその政策を継承する。三条実美による暫定内閣が発足すると,永山はただちに「北京計画」を三条に上申したが,法制局長官井上毅(1843－95)らの反対で「北京」ではなく「離宮」とする計画に変更した。山県有朋内閣は,1889(明治22)年,その設置を閣議決定した。しかしながら,その後,計画は実行に移されることはなかった。

　「上川離宮」設置予定地は,上川アイヌにとって「ナイオサニ」と呼ばれ,彼らの祭場であった。「上川離宮」設置は実施されず計画で終わったが,その場に天皇の「離宮」設置をめざしたことは,アイヌ民族政策の象徴的事象といえる。現在,旭川市内の神楽岡に「上川離宮予定地」の碑が立っている。

明治年代の「神楽岡」

「上川離宮予定地」の碑

❹ 北海道旧土人保護法の制定

北海道旧土人保護法とは　1898（明治31）年の第13回帝国議会において，1899（明治32）年，「北海道旧土人保護法」が制定された。その内容は，アイヌ民族を「旧土人」と称し，農業従事者または今後従事しようとする者に1戸あたり1万5000坪（5町歩）以内の土地を無償で給与し，その際，貧困者に対しては，農具や種子を支給するとしたものであった。また，みずからの支払いが不可能な疾病者に対して薬代を給与し，疾病者・老衰者や幼少者など自活が不可能な者に一定の援助をすること，加えて，アイヌ集落内に小学校を設置し，生活困難者に対し授業料を支給するなどの就学を援助することも盛り込まれた。

その目的は，「一視同仁ノ叡旨（すべての人を平等にみ，一様に仁愛を施すという天皇の意向）」の立場で，「知識の啓発が頗る低度」なアイヌ民族に対し，「帝国の臣民」「我皇（天皇）の赤子」とするために「保護」することであった。しかしながら，その実態は「保護」とはまったく異なるものとなり，その後のアイヌ社会に大きな影響を与えるものであった。

アイヌ民族にとっての北海道旧土人保護法　農業の奨励は，それまでの狩猟や漁労といった生業を否定したもので，現実的には農業への従事の強制といえる。逆にいうならば，農業以外についてはなんらの援助はされていなかったのである。加えて，すでに本州移民が入植するなかで，肥沃な土地は残っておらず，農耕地としては不向きな土地が多かった。

たとえば，太平洋に面した白老地区では，給与された300町歩のうち，実際に農業が可能となったのはわずか20町歩でしかなかった。これは，給与地全体の約7％に過ぎない。釧路地域では，湖畔の急斜面が給与され，強風が起これば土砂が流されていった。給与地といっても，一般的な所有権は制限され，相続権以外に譲渡は認められず，抵当権なども設定できない。

さらに，給与後15年で開墾されない場合は没収された。給与申請は各役場が受け取るが，その申請に対し差別的対応が頻繁に行われ，給与さえ現実化しない場合が多くあった。また，農具，種子，薬代などの支給は，基本的にアイヌ側が負担し，その不足分のみを政府が支払うものであった。

つまり「保護」の名のもとに，それまでの生業を否定し，「不毛」な土地に縛りつける結果となった。これは，多くのアイヌ民族の生活を脅かし，アイヌ社会の変貌を進める大きな要因になったといえる。「内国植民地」として，本州系資本による工場経営のなかに，アイヌ民族は取り込まれていくことになったのである。

「北海道旧土人保護法」の制定後，「北海道十年計画」が実施される。保護法制定後，確かに給与は増加し，アイヌ民族の農業従事が増えていく。1917（大正6）年には，アイヌ人口の60.1％が農業従事者となったが，一方で漁業従事者は12.8％となり，何よりも賃金労働者が25.9％になっている。

この保護法は，アメリカのドーズ法を模したものといわれているが，不平等条約の改正といった政府の課題のなかで，対外的に日本国内の「未開」で「悲惨」なアイヌ民族の存在は交渉に「不利益」と一方的に考え，その対策としての「保護」という国際的アピールともいえる。まさに，民族に対する狡猾で表面的な政策であり，「保護」とは決していえない。

コラム ドーズ法

　1887年，アメリカ合衆国が対「インディアン」政策として成立させたのが「ドーズ法」である。正式には「インディアン一般土地割当法」といい，提案者の上院議員ヘンリー・ドーズ(1816−1903)に由来して名づけられた。

　アメリカ合衆国政府は，建国以来，全米の「インディアン」部族との間で連邦条約が結ばれ，彼らの土地を彼らの共同所有の「保留地」として認めた。ところが，19世紀後半からアメリカ合衆国西部では，入植白人が急増し，加えて南北戦争後の黒人奴隷の解放により，土地取引が激増していった。そのような状況下で，「保留地」が標的となった。度々起こる幌馬車隊やカウボーイと「インディアン」戦士との衝突事件が現在の「西部劇」となっているが，それこそが当時の状況である。アメリカ合衆国政府は，各部族との条約をつぎつぎと破棄し，彼らの「権利」はことごとく蹂躙（じゅうりん）されていった。

　これに対してアメリカ東部の白人知識層は，「人道的」な立場を謳（うた）いながら，部族集団を軽視して「個人」を対象とし，彼らを農業へ転業するよう追い込んだ。また，児童には学校への入学を強制した。この法令が「ドーズ法」である。

　完全な狩猟文化を生業としていた大半の部族にとって，農業への強制は彼らの社会を崩壊させた。また，共同体としての「部族」関係が希薄（きはく）となり，まさに「白人への同化」といえるものであった。「人道的」という名のもとに，「インディアン」の先住者としての権利をどん欲に奪い，先住者を「同化」から「民族浄化」へ進めるものであった。

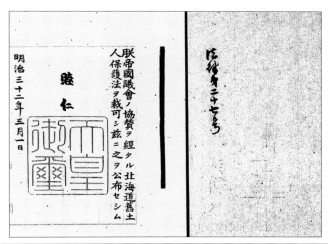

「北海道旧土人保護法」

第4章　近代化とアイヌ民族

❶ 明治期の「アイヌ民族観」

近代科学の発展のなかで

明治期になり近代的学問が国内に根づき，さまざまな研究がいくつもの分野で大きな成果をあげた。たとえば，北里柴三郎(1852－1931)がペスト菌を発見したのは，1894(明治27)年である。

近代的科学の発展によって，アイヌ民族は研究の対象ともなり，「日本人種論」のなかで多くの人類学者たちがアイヌ民族を「研究標本」としてみるようになる。これは，アイヌ民族を「滅びゆく民」や「未開で野蛮人」としてみる認識，あるいは進化に取り残された人々としてみる人種学的認識がその前提にあったといえる。

この時期を代表する論争の一つが，「アイヌ・コロポックル論争」である。坪井正五郎(1863－1913)と小金井良精(1858－1944)らとの間の論争は，日本列島に出現した石器時代人を坪井が唱えたアイヌの伝承にある「コロポックル(アイヌ以前の居住者)」とするか，それとも小金井らが唱えたアイヌそのものと考えるかというものであった。そこには，アイヌ民族を好奇の目でみる姿勢が感じとれる。

これらの研究にともなって，アイヌ民族の生体測定と頭骨・骨格の収集が大規模に行われた。なかでも小金井は，十勝地方の茂寄(広尾町)で夜間に密かに墓の発掘を行っている。現在でも，アイヌの遺骨がさまざまな研究機関に存在し，もとの地域への返還を求めるアイヌ民族の声もあり，大きな課題となっている。

「バチェラー」とアイヌ民族

1877(明治10)年，宣教師として函館に赴任したジョン・バチェラー(1854－1944)もアイヌ民族に出会い，その地で繰り広げられていたアイヌ民族への「非常なる軽蔑姿勢」に対して憤慨している。その後，彼は「此の民族の救済の為に働かうと云う決心」をした。胆振や日高のコタンに滞在し，宗教・言語・習慣などの研究を進めながら，『蝦夷今昔物語』を著し(1884年)，和人商人の欺瞞的行為とアイヌ民族の惨状について強く指摘している。その後，彼はアイヌ児童のための学校建設を行い，またアイヌ民族をともなって京阪地区を遊説して寄付金を集め，その金銭で自宅に施療病院を設けるなど，積極的にアイヌ民族のために動いた。この間，アイヌ民族の向井八重子(1884－1962)を養女とした。

ジョン・バチェラー夫妻と養女の八重子　右端は八重子，左は八重子の弟の向井山雄(キリスト教伝道師，のち北海道アイヌ協会理事長)。

人類館事件 1903(明治36)年，大阪天王寺で第5回内国勧業博覧会が開催され，「学術人類館」が設置された。その内容はアイヌ民族をはじめ，台湾・沖縄・朝鮮・中国など合計32人の人々が，各々の民族衣装を着て日常生活をみせる展示を行うものであった。それに対して，沖縄や中国から抗議が起こった。その際，『琉球新報』は「我を生蕃アイヌ視したるものなり」と批判している。ここに，当時の複雑な差別観をみることができる。

コラム イギリス婦人のアイヌ観—イサベラ・バード

平取（びらとり）は，この地方のアイヌ集落のなかで最大のものであり，非常に美しい場所にあって，森や山に囲まれている。村は高い台地に立っており，非常に曲がりくねった川がその麓を流れ，上方には森の茂った山があり，これほど淋しい所はないであろう。私たちが集落のなかを通って行くと，黄色い犬が吠え，女たちは恥ずかしそうに微笑した。男たちは上品な挨拶をした。(中略)どの家でもお客に対しては，同じような敬意を払われる。これは未開人の美徳で，文明の大きな波が来たら，それを乗り切るだけの力はないように思われる。私がある住居に入る前に，そこの女はりっぱな蓆（むしろ）をいく枚かとり出して，私が囲炉裏端（いろりばた）に歩いて行くところにその蓆を敷いた。彼らは，宿泊料を少しも受け取らなかったし，与えたものに対して少しもお返しを求めなかった。

『日本奥地紀行』初版の表紙

（イサベラ・バード『日本奥地紀行』より，一部改変）

コラム 山辺安之助と「白瀬」隊

1912(明治45)年，日本初の南極探検隊が南極大陸の地に足をおいた。その隊を率いたのが白瀬矗（しらせのぶ）(1861－1946)陸軍中尉であった。1909(明治42)年，アメリカのピアリー隊が北極点到達を達成すると，白瀬は南極点をめざし，イギリスのスコット隊と争った。その白瀬南極探検隊の一員に，山辺安之助（やまべやすのすけ）エカシ（1867－1923）がいた。彼は，1867(慶応3)年，樺太東岸のコタンに生まれ，樺太・千島交換条約によって，石狩の対雁（ついしかり）に強制移住させられた。日露戦争が勃発すると，コタンから出征し，その働きで勲章を得た。1910(明治43)年，白瀬の南極探検への期待が国民的高まりをみせるなか，「樺太犬」を集め，樺太アイヌ花守信吉（はなもりしんきち）（生没年不詳）とともに，みずから探検隊に参加した。途中，ほとんどの樺太犬が死に，一担撤退を余儀なくされるが，1912(明治45)年1月17日，ロス湾岸に接岸し，28日，南極の地に降り立った。

山辺安之助

白瀬矗

❷ アイヌへの民族教育

アイヌへの民族教育　先住民族であるアイヌの「皇民化」政策が、教育においても進められた。1872(明治5)年、東京におかれた開拓使に仮学校が設置され、付属機関として「北海道土人教育所」が設けられたが、ここにはほぼ強制的なアイヌ民族の連行があった。寄宿舎での生活は、官憲の監視下におかれ、アイヌの風俗や言語が完全に禁止された。しかし、生活環境の大きな変化もあって、脱走者1名、死亡者4名、病気による帰郷者3名にのぼり、アイヌ教化、農業指導者の育成という目的は失敗に終わった。

　樺太・千島交換条約の締結にともない、対雁に強制移住させられた樺太アイヌに対する教育施設が、1877(明治10)年に設置された。以降、広尾、白糠、平取、有珠、室蘭などに、同様の学校が1885(明治18)年までに計11校設けられた。就学者に対する「扶持米」などの援助が行われたが、特に1883(明治16)年、宮内庁からの資金援助は、「天皇陛下より特別の思召」、「天皇陛下は畏れおおくも至仁慈愛の思召」、「天皇陛下の恩沢」であることが強調された。アイヌ民族を滅びゆく民族とし、天皇による「憐れみ」を「厚意」とし、恩恵を全面に出した「皇民化」政策の一環であったといえる。

「アイヌ小学校」　北海道旧土人保護法の施行に基づき、アイヌ小学校(当時、「旧土人学校」と呼ばれた)の設置が決定された。その後、「北海道十年計画」が実施されると、学齢児童30人以上の集落にアイヌ小学校を設け、1907(明治40)年には21校が設置された。

　旧土人児童教育規程(1901年公布)では、修身、国語、算術、体操・農業(男子)・裁縫(女子)を就学教科とし、地理、歴史、理科は除外された。教育課程も、「普通の尋常小学校の凡そ第三学年迄の程度を四学年間に終了」とした。この方針は、「心性の発達和人の如くならざる旧土人に対し、等しく就学の始期を満6歳とすれば多少早きに過ぐの嫌いあり」という認識に基づくもので、和人の児童との差別化が正当化された。

　教育方針は、アイヌ語やアイヌの風俗を禁止し、日本語と和風化を強制した。したがって、修身と国語は「国民的性格養成上特殊の地位」とされ、「忠君、愛国の諸徳の修養」として機能した。紀元節や天長節は、ことに重要な儀式であった。それらの儀式には、「父兄をして参列せしむべし」とされ、児童のみならずアイヌ民族全体への皇民化教育をはかるものとなっていた。このように、アイヌ小学校とはアイヌ民族からアイヌ語を奪い、日本語が押しつけられ、彼らの文化と伝統を否定する場となったのである。

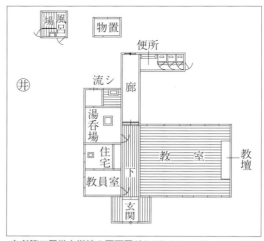

白老第二尋常小学校の平面図(『白老町史』による)　1881(明治14)年の白老学校を前身にして、1902(明治35)年に開校、42人のアイヌ児童が入学。

資料　アイヌ学校の位置（設置年順）

番号	位置	番号	位置	番号	位置	番号	位置	番号	位置
1	対雁（ついしかり）	8	色丹（しこたん）	15	累標（るべしべ）	22	新平賀（しんひらが）	29	遠仏（えんぶつ）
2	広尾（ひろお）	9	虻田（あぶた）	16	萌生（萌別）（もえう／もえべつ）	23	芽室太（めむろだ）	30	井目戸（いもっぺ）
3	大津（おおつ）	10	有珠（うす）	17	姉去（あねさる）	24	荷負（におい）	31	元神部（もとかんべ）
4	平取（びらとり）	11	白糠（しらぬか）	18	上貫気別（かみぬきべつ）	25	姉茶（あねちゃ）	32	上川（豊栄）（かみかわ／とうえい）
5	白老（しらおい）	12	岡二・岡田（おかに・おかだ）	19	伏古（日新）（ふしこ／にっしん）	26	来札（らいさつ）	33	内淵（ないぶち）
6	室蘭（元室蘭）（むろらん）	13	春採（はるとり）	20	向別（むこうべつ）	27	音更開進（おとふけかいしん）		
7	遊楽府（ゆうらっぷ）	14	二風谷（にぶだに）	21	長知内（おさちない）	28	辺訪（ぺぼう）		

（小川正人『北海道大学教育学部紀要』第55号より）

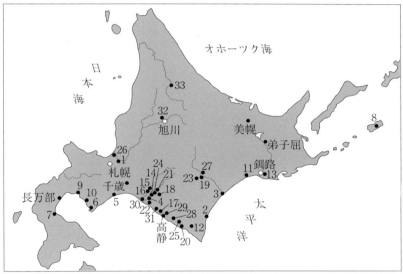

アイヌ学校の設置場所　（竹ケ原幸朗　研究集成第1巻『教育のなかのアイヌ民族』，社会評論社，2010年より）

コラム　学校内での差別

「『消しゴム』ひとつ『鉛筆』1本なくなってもアイヌの児童が疑われ，しかも教師はこれに対し積極的な注意もなさず放任していた」。「アイヌ児童がなんでも新しいものを被ったり，着たり履いて登校すると『なんだアイヌのくせに』とバカにされる」。

旭川にあった上川第五尋常小学校に通った井上源次郎（げんじろう）は回想している。

「放課後には虐められるから運動場の片隅にアイヌ児童は小さくなっていなければならない。下校時には大勢の和人児童たちがアイヌの児童の帰りを待ち伏せて虐めるなど，アイヌ児童は苦しみ萎縮して登校して十分な教育が受けられずに，ために学校に行くのがいやになり親に隠れて学校を休むことが多かった」。そして「差別増長の元凶はむしろ教師にあったように思われる」。「農業実習と称して（中略）児童に農業をやらせたり，また教師は授業時間に手工と称して，児童にアイヌ民芸品を作らせ（中略），それを売って個人の収入を図っていた校長もいた」のであった。

（荒井源次郎『北風林』第7号，1980年より）

第4部　近代国家の成立とアイヌ民族支配

Self Study　考えてみよう！

1　明治新政府が行った殖産興業政策や地租改正政策，初期の外交政策がアイヌ民族にどのような影響を与えたか。考えてみよう。

2　北海道庁の設置は，北海道をどのように変化させたか。まとめてみよう。

3　「北海道旧土人保護法」の制定が，アイヌ民族にどのような影響をもたらしたか。まとめてみよう。

4　明治期のアイヌへの民族教育について，そのねらいと役割についてまとめてみよう。

1

2

3

4

Further readings

竹ケ原幸朗　研究集成第1巻　『教育のなかのアイヌ民族』　社会評論社，2010年
永井秀夫ほか編　『近代日本と北海道』　河出書房新社，1998年
樺太アイヌ史研究会　『対雁の碑』　北海道出版企画センター，1992年
荒井源次郎　『続アイヌの叫び』　北海道出版企画センター，1990年
桑原真人　『近代北海道史研究序説』　北海道大学図書刊行会，1982年

第5部　大正・昭和初期の日本とアイヌ民族

　1918 (大正 7) 年夏，開拓使が設置された 1869 (明治 2) 年から数えて 50 年目にあたるということで，札幌と小樽を会場に，開道 50 年の記念事業として北海道博覧会が開催された。50 日間の開催期間に，のべ 142 万人余りの観衆を集めた同博覧会は，北海道開拓の進展を道内外に喧伝するためのものであり，地方博覧会としては最大規模のものであった。

　この式典にあわせるように出版された本が，アイヌの青年教師であった武隈徳三郎 (たけくまとくさぶろう) (1896－1951) の『アイヌ物語』(1918 年 7 月) である。同書は，当時のアイヌ民族がおかれていた状況，アイヌ文化，そしてこれからアイヌ民族が進むべき道を示し，和人にこれらを理解してほしいという思いで武隈が書き下ろした書物であった。

　1899 (明治 32) 年より北海道旧土人保護法が施行され，いわゆる同化教育を受け，教師となった当時 23 歳の武隈をして，「現今のアイヌは日本帝国の臣民 (しんみん) たることを自覚せり」といわしめた。このようにいわざるを得ないほど，北海道開拓＝植民地政策は，大きくアイヌ社会を変容させていた。和人にとって，北海道の開拓の進展を祝う式典に，アイヌの青年が「日本人」として「日本語」で執筆した書物を上梓 (じょうし) したという歴史的背景に，われわれは今一度目を向ける必要がある。

　通史的に概観すれば，第 5 部で主に扱う時期は大正期から昭和戦前期である。特に大正デモクラシーと呼ばれる時代の北海道は，第一次世界大戦後の好景気に支えられて開拓の時代がほぼ終結し，一定の安定期を迎えたと考えられる。そして，三井や三菱を代表とする独占資本が道内に進出し，それまで農林水産の第一次産業を基幹としていた北海道の産業構造が大きく変わろうとしていた。また，労働力の供給源として本州からの移住者も増加した。ストライキや囚人 (しゅうじん) などの労働問題や，小作争議などの社会問題の深刻化もこの時期にみられた特徴である。

　明治末期に制定された北海道旧土人保護法は，異民族であるアイヌ民族をしたがわせる植民地政策の根幹的な律法の一つである。同法のもつ問題点を考えることで，アイヌ社会がどのように変容したのかを考えてみたい。ここで注目したいことは，アイヌ民族がこのような諸政策にどのように対応したのかを確認することである。アイヌ民族は，時代の変化に主体的に行動を起こした人々として，同時代を生きたのである。

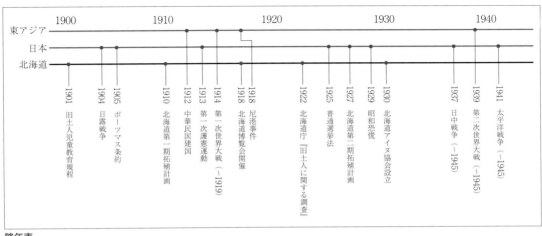

略年表

第1章　植民地政策の展開とアイヌ民族

❶ 北海道旧土人保護法とアイヌ民族

北海道旧土人保護法の成立　第一次護憲運動(1913年)から普通選挙法(1925年)成立に至るまでの，いわゆる大正デモクラシーと呼ばれる時代を生きたアイヌ民族は，1899(明治32)年に公布・施行された北海道旧土人保護法の制度下で，その生活スタイルを大きく変貌させることを余儀なくされていた。

近世までは狩猟・交易など，アイヌ民族の自主性はある程度保たれていたが，開拓使の設置以後，対アイヌ政策が「法的」に一律に施行されるようになった。日本各地において近世以来の慣習や風俗などが「近代化」されていくなかで，アイヌ民族の固有の生活や文化も徐々に否定されるようになった。狩猟の禁止や勧農の推進は，その最たるものであった。生活の糧を奪われたアイヌ民族の困窮や餓死といった悲惨な状況が各地で報告され，国政の場でもしだいにアイヌ民族の救済が議論され始めた。

こうして，「旧土人の保護」は2度も議会で審議の対象となり，3度目の第13回帝国議会で成立したのが北海道旧土人保護法であった。同法は，大きくみて2つの柱から成り立っていた。第1は，アイヌ民族の土地問題を解決すること。第2は，アイヌ民族に対する行政主導による教育の実施であった。

近代アイヌ教育　特にアイヌ民族に対する同化教育は，強力に推し進められた。開拓初期のアイヌ学校は，和人との共学が主で，「日本語」を習得するだけでも，アイヌ民族にとっては相当な負担，労力であった。そのなかで，和人との相違が「差別」に結びついていくような場面も少なくなく，アイヌ児童の低い就学率を生んでいた。

行政による教育の不振とは対照的に，ジョン・バチェラー(1854-1944)の聖公会のキリスト教者による教育が各地で成功をおさめていた(p.92参照)。このような状況が，行政側にアイヌ民族への教育の必要性を喚起し，上記のような教育の問題を解決すべく新設された特設アイヌ学校は，アイヌの子弟のみを通わせ，独自の教育課程を施行した。

北海道旧土人保護法には，アイヌ民族の集落に国費で小学校を設けること(第9条)，また，経済的に苦しい子弟に対しては，修学支援を行うこと(第7条)などが定められた。同法を受け，北海道庁は1901(明治34)年に旧土人児童教育規程などの関連法を制定し，これ以後のアイヌ民族に対する教育は，和人との別学と簡易な教育課程を原則とした(近代アイヌ教育)。

1910年代以降，アイヌ児童の就学率が90%を超えるようになった。その過程で，のちにみずからアイヌについての記述を残すような，江賀寅三(1894-1968)や武隈徳三郎といったアイヌ教員も登場し，アイヌ民族の教育にあたった。強制された日本語を習得し，学校を卒業したアイヌ民族自身が，言論によってみずからの考えを表明するようになった。さらに，1920年代の大正デモクラシーという時代の潮流のなかで，北海道旧土人保護法に内在する土地問題や近代アイヌ教育のあり方を，アイヌ民族自身が言論活動や社会運動を通じて批判するようになった。

北海道旧土人保護法の成立背景　開拓の進展は，アイヌ民族の生活に深刻な問題を及ぼしていた。明治政府は，アイヌ民族に「保護地」(給与予定地)と「共有財産」(現金または土地)を保証した。しかし，当時の北海道庁の管理はずさんな面があり，「保護地」は流入する和人に半ばだまし取られるような形で奪われ，

「共有財産」はその管理運営上，損失を生み，補填されずそのまま放置されるような実態が道内各地で発生し，問題視されていた。同法は，相続以外の土地の譲渡を禁止することで，アイヌ民族の土地を「保護」することを目的に制定された。

この間，平取アイヌの鍋沢サンロッテのように，アイヌ自身が東京に出向き，民族のおかれた惨状を議員に訴えることがあった。胆振有珠生まれのパラピタは，宣教師ジョン・バチェラーとともに全国各地でアイヌ救済の演説を行った。また，この時期，アイヌ民族のなかには，積極的に学校教育に携わる動きをみせ，土地や資金を提供する者もいた。帯広伏古の伏根弘三（1874－1938）や，同じく音更の中村要吉（1880－1939）といったアイヌはその代表である。

資料

◆春採土人学校（釧路）

1891（明治24）年，釧路聖公会の宣教師ルーシー・ペイン女史が，アイヌ児童のために設立した小学校。バチェラーは平取アイヌの有力者平村ペンリウク（1833－1903）に師事し，アイヌ語を習得した。釧路春採土人学校では，バチェラーが来校し，アイヌ語で讃美歌を歌うなどした。初期のキリスト教系学校が，道内各地で成功をおさめる背景には，こうした言語活動が大きく起因していた。

春採土人学校

◆中村要吉（アイヌ名：イベチカレ）

十勝上士幌に生まれる。1906（明治39）年の音更尋常小学校の開設にあたっては，同族の子弟の教育の場を提供するべく資金を集め，また毎日のようにアイヌの各家庭をまわり，児童の就学の必要性を訴えた。十勝旭明社の設立にあたっては理事に就任し，アイヌ民族の生活環境改善などに終生尽力した。

◆伏根弘三（アイヌ名：ホテネ）

帯広のアイヌの有力者の家に生まれる。禁酒運動をはじめとする同族の団結・教化に尽力した。同族の青年を，宣教師チャールズ・ネトルシップの函館谷地頭土人学校に通わせ，また，真宗大谷派の僧侶山県良温を教師に招き，私財を投じて伏古土人特別教育所を開設した。これは，のちの特設アイヌ学校である，第二伏古尋常小学校の母体となった。

中村要吉

伏根弘三

❷ 日露戦後の北海道とアイヌ民族

地方改良運動とアイヌ社会

日露戦争は，当時の日本社会に大きな変化をもたらした。1905(明治38)年のポーツマス条約によって，北緯50度以南の樺太という新領土と，沿海州とカムチャツカの漁業権などを獲得したことは，その後の北海道の社会・経済にも大きな影響を与えた。一方で，総力戦における損害は甚大で，疲弊した国内の社会・経済の立て直しが喫緊の課題となった。

第2次桂太郎内閣は，1908(明治41)年に戊申詔書を公布し，内務省は地方改良運動を推進して，国民に勤倹貯蓄や産業奨励を求めた。各地に在郷軍人会や青年会などが組織され，町村と国家の結びつきがいっそう強化された。

北海道のアイヌ社会でも，こうした地方改良運動の動きが，1910年代に入って各地で展開された。青年会や婦人会，同窓会が結成され，夜学なども開講された。飲酒の矯正や同族の親睦など，アイヌ民族に特徴的な項目もみられたが，全体的には日本「国民」として必要な資質を身につけることが求められた。

拓殖計画と鉄道

明治期中頃から世界的に植民地拡張の動きが顕著になり，これに対抗する形で北海道開拓論が官民に盛行していた。こうした動向で策定された北海道十年計画は，1901(明治34)年に始まるが，日露戦争にともなう戦時緊縮財政の影響により，数年で挫折した。これを受け，1910(明治43)年にスタートした北海道第一期拓殖計画は，1924(大正13)年までの15年間に，総額7000万円の事業を充て，計画終了時には人口300万人の収容をめざした一大事業であった。

第一期拓殖計画は，本格的な拓地植民と土木万能主義と呼ばれる河川・港湾・道路・橋梁などのインフラ整備が，国家事業として長期にわたって推進されたものであった。また，それまでの計画のもとで，北海道内の主要幹線鉄道はほぼできあがっていた。1906(明治39)年の鉄道国有法により主要鉄道は国有化され，1907(明治40)年には本州の青森港との間に青函連絡船が就航していたが，さらに1923(大正12)年には稚内と樺太の大泊間に稚泊航路が開始された。これにより，本州と北海道と樺太は鉄道と連絡船によって結ばれ，人的・物的輸送が飛躍的に増大した。

北洋漁業と函館

新たな国家権益となった南樺太および沿海州とカムチャツカの漁業権によって，日本人漁業者は広域で北洋漁業を営むことができるようになった。函館は，これを契機に，北洋漁業基地としての地位を確立するに至った。この頃，北海道の漁業構造も大きく変化していた。明治末期から起こった鰊の不漁で，日本海沿岸地区の漁業は衰退していった。漁夫の多くが函館または小樽を起点とし，沿海州，カムチャツカに出稼ぎするようになった。その後，1921(大正10)年には母船式蟹漁業(蟹工船)，1929(昭和4)年に母船式鮭鱒漁業(鮭鱒沖取工船)が操業を始め，北千島での漁業も発展するようになった。函館には，日魯漁業会社をはじめとする北洋漁業関連の大企業が並び立った。

資料

◆豊栄旧土人青年会（旭川）
　豊栄旧土人青年会は，アイヌ民族の弊習の改善，相互扶助，倹約奨励などのために，1918（大正7）年頃に設立された。このような組織は，全道各地に設けられた。

◆壱岐丸（旭川）
　1923（大正12）年5月に就航。稚泊航路の開設にあたり，連絡船として活躍した。南樺太は，輸送機能の発展にともない，1941（昭和16）年には人口が40万人を超えた。

◆北洋漁業の進展と函館
　幕末開港時の人口が，わずかに9400人程度であった函館は，日露戦争後には10万人弱に達し，北海道最大の港町に成長した。1930（昭和5）年頃まで，東京・横浜を除けば，北洋漁業に支えられた函館は，20万人の人口をかかえる関東以北最大の港湾都市であった。
　北洋漁業は沿海州からカムチャツカ半島までおよび，日本側は，ロシアから漁場を租借する形で，出漁を行っていた。ロシア革命後の極東は混迷をきわめ，尼港事件にみられるようなパルチザンが多発した。日本政府は戦艦三笠などを派遣し，約2年間にわたり「自衛出漁」を行った。昭和期に入り，北洋漁業は「国策」として位置づけられ，漁業関連会社の統合が進められた。

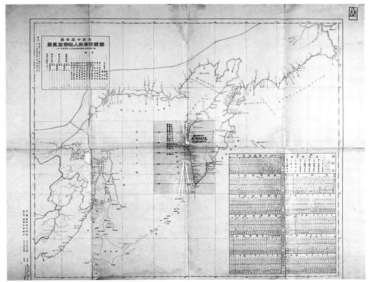

露領沿岸邦人租借漁区図　日露戦後の漁業協約（1907年）は，ロシア人と同等の条件で露領沿岸の漁区の競売を日本人に認めた。成立直後，邦人租借者54人が117の漁区を経営した。

❸ 大正デモクラシーとアイヌ民族

アイヌ民族の言論活動　大正デモクラシーという時代の潮流のなかで，労働者や農民，差別を受けている人々の争議活動や言論活動が全国的に展開された。北海道庁の調査（『旧土人に関する調査』1922年）によれば，アイヌ民族の総人口に対して約3割の人々が日本語を読め，40歳以下のアイヌ民族のほとんどが日本語を話せたという。1920年代に入り，アイヌ民族自身が言論によってみずからの考えを表明するようになった。著作活動や新聞紙上や機関誌，そして弁論大会などを通じて，多方面でアイヌ民族の言論活動が活発に行われた。

　樺太に生まれ，1910年に白瀬矗（1861－1946）の南極探検隊にも参加した山辺安之助（1867－1923）の口述を，金田一京助（1882－1971）が筆記した『あいぬ物語』（1913年）は，アイヌ自身がかかわった作品の最も早いものであった。アイヌ自身が著述したものとしては，武隈徳三郎の『アイヌ物語』（1918年）が最初であった。これは，アイヌ民族の現状と，将来に向けた方向性を教員という立場から著述したものである。

　『アイヌの叫び』（1931年）を著した平取生まれの貝沢藤蔵（1888－1966）は，その著書のなかで，教育を受けたアイヌ民族と往古の祖先との相違を述べた。また，カムイユーカラ（口承文学）を題材にした知里幸恵（1903－22）の『アイヌ神謡集』（1923年）も誕生した。

　昭和期に入り，違星北斗（1901－29）らが創刊した雑誌『コタン』（1927年），バチェラー八重子（1884－1962）著『若き同族に』（1931年），森竹竹市（1902－76）著『原始林』（1937年）といったアイヌ民族の心境や差別にさらされている境遇を短歌という形で表現する人物も登場した。

　余市生まれの違星は，29歳の若さでこの世を去ったが，彼は金田一京助や伊波普猷（1876－1947）らの知遇を受け，1925（大正14）年の第2回東京アイヌ学会において，民族のおかれた差別的な苦しい立場や，同化政策のなかでアイヌであることを隠し，和人化していく民族の現状について講演した。これらアイヌ差別の告発や同族への自覚の喚起は，この時代のアイヌ民族の意識や行動を代弁するものであった。

議会に進出するアイヌ民族　1925（大正14）年，普通選挙法が成立し，1928（昭和3）年に同法は施行された。これにより，日本国籍をもつ満25歳以上の男性に選挙権が付与され，同法によって人口の20％が参政権をもつことになるなかで，地方政治・議会に進出するアイヌ民族もふえた。具体的には，吉田菊太郎（幕別村議），森竹竹市（白老村議），大川原コビサントク（1874－1951，鵡川村議），および新井田シュサンクル（1896－1965，鵡川村議）といった人たちである。特に大川原は，1917（大正6）年から1951（昭和26）年の死去まで，35年間も村会議員を務め，鵡川を中心に胆振地方の広範囲で財政界に強い影響力をもった。

　そもそも，北海道や沖縄を除く本州では，1888（明治21）年に市制・町村制が公布され，すでに市会や町村会が組織されていたが，北海道においては1級・2級町村制という特殊な地方制度がしかれていた。さらに，これに適用されない道内の町村には旧制度の戸長役場がおかれ，1923（大正12）年まで存続していたのである。アイヌ民族の議会進出の背景には，明治末期から第一次世界大戦期に，北海道内に町村会が組織されていく実態があった。

資料

◆大川原コビサントク

鵡川のアイヌの有力者の家に生まれる。馬産業を営むかたわら，副業として高利貸も兼営し，借り手は全道に及んだ。長く村議を務めたが，土功組合長や農業会理事なども務めた。死に際しては，鵡川村議会が満場一致で村葬を決定し，また多年にわたる功労に報い，顕徳碑が建立された。

コビサントクの肖像画　　顕徳碑

◆知里幸恵

知里幸恵は幌別郡（登別市）の家庭に生まれた。幸恵の祖母や伯母は，カムイユーカラの謡い手であった。幸恵は，このカムイユーカラを身近に聞くことができる環境で育った。彼女の実弟である知里真志保は，北海道帝国大学の教授となり，アイヌ文化の研究を行った。

知里幸恵　　　　　　『アイヌ神謡集』

◆武隈徳三郎と『アイヌ物語』

帯広に生まれた武隈は，特設アイヌ学校を卒業後，帯広准教員講習所や北海道教育会教員養成所で学び，教師としてアイヌ民族の教育にあたった。『アイヌ物語』は，当時のアイヌ民族がおかれていた状況，アイヌ文化，そしてこれからアイヌの人々が進むべき道を示し，和人にこれらを理解してほしいという思いで書き下ろした書物であった。同書のなかで武隈は，「土人をして和人に同化し，立派なる日本国民たらしむる」ことが大事であると記した。しかし，これはアイヌ文化の完全な否定を意味していなかった。武隈によれば，民族の伝統文化や宗教は「現今の文明に適応」するか否かであり，そこで非難されるものは，文明の視点からみた「奇妙な習俗」や「迷信」であった。したがって，和人に「同化」することと，「アイヌ種族」が存続することは，武隈のなかではいっさい矛盾していないということが重要である。アイヌ民族と和人が相互理解をするためにも，近代アイヌ教育制度における「別学」制度に対する批判も同書では触れられている。

武隈徳三郎（右上）

『アイヌ物語』

④ 第一次世界大戦と北海道

大戦景気と北海道　1914(大正3)年，4年余りに及ぶ第一次世界大戦が始まった。日本は，日英同盟(1902年)を理由に参戦した。大戦の渦中にあったヨーロッパ向けの軍事物資や食糧などの需要が高まり，日本は輸出超過のなかで空前の好況ともなり，多くの成金を生んだ。

　北海道も例外ではなかった。穀倉地帯である十勝には豆成金や澱粉成金が出現した。輸出の拠点である小樽の貿易港は，商都としての地位が高まり，日本銀行小樽支店をはじめ，三井・三菱銀行といった19もの銀行の店舗がおかれた。銀行が集まった界隈は，北のウォール街とも呼ばれた。

　また，この時期に北海道への移住が増加し，さらに独占資本の進出を中心に鉱工業が大いに発展した。財閥に成長した三井をはじめとする本州系大手資本が，九州に続き，夕張などの石狩炭田にも進出した。これは，石狩炭田と小樽・室蘭両港への輸送手段である鉄道を有していた北海道炭礦鉄道株式会社(北炭)が，鉄道国有法(1906年)により私線鉄道を失ったことで，独占していた石炭の採掘から輸送搬出という一連の流通システムが崩れることにより，本州系財閥の経営参入を許した結果であった。

　その後，北炭は北海道炭礦汽船株式会社に社名を変更し，室蘭の母恋で製鋼事業を展開し，日本製鋼所へ統合されていく。製紙業では富士製紙に続き，王子製紙も苫小牧に進出し，1921(大正10)年には両社で国内の洋紙生産の4割を占めるに至った。

北海道博覧会　1918(大正7)年，開拓使設置から50年目にあたるということで，札幌と小樽を会場に，開道50年の記念事業として北海道博覧会が開催された。それまで，札幌市内における交通機関は馬鉄と人力車だけであったが，同会開催にあわせ電車が開通した。札幌を中心に道内の主要都市は成熟し，市制施行(1922年)にみられるような地方制度の内地化がほぼ完成した。これは開拓の時代の区切りを示していた。

　北海道ではじめての体系的な歴史編纂物として，北海道庁『北海道史』(通史1，地図)を刊行したのもこの時である。また，この式典にあわせるように出版された本が，アイヌの青年教師であった武隈徳三郎の『アイヌ物語』である。

尼港事件　第一次世界大戦の末期，ロシアでは十月革命により，ソビエト政権が成立した。1918(大正7)年，寺内正毅内閣は，シベリアのチェコスロバキア軍救援を名目に，アメリカとの共同出兵を行った(シベリア出兵)。ニコラエフスク(尼港)は，当時，沿海州地方の中心都市で，漁業に従事する日本人も多く居留していた。1920(大正9)年5月，パルチザンによる虐殺事件が発生した。本国からの救援隊も間に合わず，進駐していた将兵を含め多数の日本人が命を落とした(尼港事件)。国内的には，シベリア出兵にともなう米騒動(1918年)が発生し，こうした国内外の問題の責任をとる形で寺内内閣は総辞職した。

資料

◆室蘭製鋼所

室蘭は、日本製鋼所の発祥の地となった。井上角五郎(1860-1938)を社長とする北炭を母体に、イギリスのアームストロング社など、外国資本の共同出資を得て、設立された。

◆日本銀行旧小樽支店

日本銀行旧小樽支店の建物は、赤レンガで有名な東京駅の設計者辰野金吾(1854-1919)と弟子の長野宇平治(1867-1937)らによって、1912(大正元)年に完成した。辰野金吾は、日本銀行本店や東京駅をはじめ全国各地に数多くの建築物を残した。現在は、「金融資料館」として一般公開されている。

◆北海道博覧会を記念する絵葉書

札幌・小樽を会場に開催された北海道博覧会では、57棟のテーマ館が設置され、朝鮮・台湾・樺太を含め、数万点の展示物が出品された。観覧者総数は、142万人を超え、盛大に開催された。

コラム 商都「小樽」

同じ港湾都市である函館は、海産物を主体に昆布や硫黄・石炭などを輸出していた。これに対し、小樽は農産物輸出に力を入れ、横浜・神戸につぐ全国3位の輸出港になっていた。また、大陸との結びつきも深く、尼港事件の際には、小樽で慰霊祭が行われた。明治末期頃から途絶した鰊漁をあきらめ、開発が進む十勝平野をはじめとする内陸部の農業に着目した小樽商人は、農産物を担保にした銀行貸付と荷為替を努めて利用した。商人みずからが農場を積極的に経営し、地主として活動する際にも不動産担保の金融が大いに利用され、つぎつぎと銀行が設立された。小林多喜二(1903-33)の小説『不在地主』のモデルとなった磯野農場の磯野進(1872-1938)は、小樽の米穀海産物問屋であった。磯野は大正期を通じて、小樽商工会議所の会頭を歴任している。

⑤ 北海道における社会運動とアイヌ民族

社会運動の展開　第一次世界大戦後，ヨーロッパ諸国で労働者の権利や国民の政治参加を求める声が高まり，日本においてもロシア革命・米騒動をきっかけに社会運動が勃興した。北海道では，大正期に入って工業分野が発展するにつれ，労働者階級が形成され，そのなかで社会運動が活発化した。

1914（大正3）年には，鈴木文治（1885-1946）が1912（大正元）年に結成した友愛会支部が室蘭に誕生した。1917（大正6）年からは賃金引上げを求める労働者によって日本製鋼所の争議が始まり，鈴木会長の支援もあって，労働者側の要求はある程度認められたが，同支部幹部も複数名が検挙され，壊滅状態となった。その後も，道内各地では賃金引上げを求めるストライキが続発した。

北海道における農民運動は，本州より数年遅れて大正中期頃から頻発した。頻発する理由には，この時期までに道内のおもだった土地は開墾され，小作人が他所へ移転できなくなっていたことがある。また，無肥料連作の略奪農法がすでに限界にきていたという，北海道農業の矛盾が噴出したことにもあった。1925（大正14）年には，賀川豊彦（1888-1960）らが結成した日本農民組合（1922年）の道内支部として，日本農民組合北海道連合会（日農北連）が成立した。昭和初期まで，同会の組織の発展とともに小作争議は増加した。

全国的にも注目された雨龍村蜂須賀農場争議（1920～32年）や，1927（昭和2）年には労農共闘の典型と評される磯野農場小作争議と小樽港湾ゼネストが発生したように，北海道における社会運動は高揚期を迎えていた。

アイヌ民族の組織化　1920～30年代にかけて，ふたたびアイヌ民族による組織的な活動がみられた。1926（昭和元）年には，違星北斗（余市），吉田菊太郎（幕別），辺泥和郎（鵡川）らによる，民族の地位向上をめざしたアイヌ一貫同志会が組織された。また同年には，部落差別の解消をめざして結成された全国水平社（1922年）に触発され，1926年に近文給与地問題（p.111参照）の解決をめざして解平社が旭川で立ちあがっている。砂沢市太郎（1893-1953）をはじめとする近文アイヌの青年たちが，給与予定地の無償下付や北海道旧土人保護法の改廃をめざして活動した。

このほかにも，大きな地方組織として十勝アイヌ旭明社（1927年）の結成があった。同社は，1920年代はじめから十勝の各町村に設立された互助組合を下地に結成されたが，その設立にかかわった行政側の人物として喜多章明（1897-1986）がいた。北海道庁の役人として十勝に赴任した喜多は，音更・帯広・芽室・幕別・池田・本別・志幌の各互助組合の評議員に旭明社創設のための召集状を発し，各代表の賛同を得た。1927（昭和2）年5月，十勝公会堂にて同社は発足した。アイヌ民族の自主性に行政が関与する形での結成ではあったが，目的はアイヌ民族の国民教化と生活改善であった。旭明社は，戦前期で最大のアイヌ民族の組織である北海道アイヌ協会の母体となった。

コラム　アイヌ伝道団とジョン・バチェラー

　CMS(英国聖公会海外伝道協会)の宣教師として，1870年代末から北海道にやってきたウォルター・デニング(1846-1913)やウォルター・アンデレスやチャールズ・ネトルシップ，そしてバチェラーといった人物が全道的かつ積極的にアイヌ民族に対する伝道と教化活動に献身した。なかでもバチェラーは，アイヌ語の研究とアイヌ文化の民俗学的研究に多くの優れた業績を残し，日本のアイヌ文化研究の先駆者の一人として，多くの著作を残した。その後，「アイヌの父」とも呼ばれるようになるバチェラーは，よりいっそうアイヌ民族とのかかわりを深めていく。

　1906(明治39)年には，伊達有珠のアイヌの富豪向井富蔵の次女八重子を養女とした。のちのバチェラー八重子(1884-1962)である。そして1919(大正8)年，アイヌ伝道団を組織し『ウタリグス』や『ウタリ之友』といった機関誌を刊行。広くアイヌ民族の意見交流の場を提供した。さらに，1923(大正12)年にはCMSを退職し，道庁の社会課嘱託の辞令を受け，よりいっそうアイヌ民族の救済事業に乗り出した。

　バチェラーは1924(大正13)年に，「アイヌ保護学園」という組織を設立し，自宅敷地内に寄宿舎を建築した。学園はその後財団法人となり，「バチェラー学園」となった。学園の顧問には徳川義親(1886-1976)，新渡戸稲造(1862-1923)，理事には宮部金吾(1860-1951)らの名がみられ，多くの人々の支援があった。離日する1940(昭和15)年まで居住していた建物は移設され，今も北海道大学植物園のなかに「バチェラー記念館」として現存している。

資料

◆ストライキを呼びかけるビラ

　昭和初期の昭和恐慌のあおりを受けて，小樽港の荷役業者は労働者の賃金切下げや不払いを行った。これに対し，港湾労働者の争議が起こり，一般市民を巻き込むゼネストへと発展した。宣伝ビラや闘争ニュースなどが，多く作成・配布された。

◆十勝旭明社の設立代表者

　伏根弘三，中村要吉，吉田菊太郎をはじめ，十勝アイヌの有力者や喜田章明が写っている。喜田が本庁へ転出したあと，同社の中心的な人物となったのが，幕別でコタンの生活改善に取り組んでいた吉田であった。

前列向かって左より赤梁小太郎，萩原茂仁崎，土田豊三郎，古川辰吾郎，喜多章明，伏根弘三，山川広吉，浅山時太郎，中村要吉，2列目左より山西吉哉，江井徳一，田中万之助，吉田菊太郎外発起人一同

コラム　教科書のなかのアイヌ民族

教科書のなかのさし絵

　近年，アイヌ文化に対する興味や関心が高まっている。「多様性」や「多文化」といった観点から，教育現場でも積極的にアイヌ文化の学習を取り入れていこうとする学校が現れてきた。当然，今日までアイヌ民族が自分たちの文化を継承させてきたという事実はある。一方で，少なくとも戦前期まで，政策によってこうした文化が否定されていたという事実もある。アイヌ民族が，アイヌであることを許されなかった時代や諸政策があった。しかも，こうした近現代における対アイヌ政策(同化政策)の検証は，いまだ十分になされているとはいい難いのである。その結果，「アイヌ民族は普段から民族衣装を着て生活し，狩猟・採集を行い，山中に住んでいる」など，現代社会においても，なお誤った前近代的なアイヌ観は払拭されていない。

第5部　大正・昭和初期の日本とアイヌ民族

第2章　北海道旧土人保護法と戦時体制

１ 昭和恐慌と北海道

昭和恐慌と拓殖計画　昭和初期は，経済的には恐慌の連続であった。1929（昭和4）年10月，浜口雄幸内閣の時に，ニューヨーク株式市場（ウォール街）で株価の暴落が始まった。日本は，金輸出解禁による不況と合わせた二重の打撃を受け，深刻な恐慌におちいった（昭和恐慌）。北海道では，昭和の始まりとともに北海道第二期拓殖計画（1927年～）がスタートした。

第一期の性格とは異なり，産業振興を重視する政策がとられた。移民の審査を行い，根釧原野を中心とした道東・道北への入植が奨励され，酪農・畑作・稲作などに経営を特化した地帯農業としての北方農業の萌芽が形成された。しかし，計画そのもの自体は，恐慌・凶作・戦時体制といった変動により，改訂・縮小を余儀なくされた。

同時期の北海道では，農漁村で凶作・凶漁が連続し，きびしい経済的困窮におちいった。農業恐慌のなかで農村救済請願運動が高まると，政府は1932（昭和7）年から農山漁村経済更生運動を始め，産業組合などの拡充をとおして農民の結束による自力更生をはからせた。

北海道も町村農会・農事実行組合の系統で農村の組織化が進んだが，こうした救済策も零細農漁民には届かず，小作争議が多発し，出稼ぎ・女性の身売りなどが増加し，社会問題として深刻化した。

そして，母船式漁業が導入され始めた沿海州・樺太・カムチャッカなどのロシア領で展開された北洋漁業において，その労働力となったのが，道内や東北地方を中心とする貧しい農・漁村民であった。彼らは，低賃金のもと，劣悪な環境で労働に従事させられた。

北のプロレタリア文学　大正末期から昭和初期にかけて，労働者（プロレタリア）の生活に根ざし，階級闘争の理論に即した作品を数多く生み出したプロレタリア文学運動が起こった。

北海道におけるその代表例が，小林多喜二（1903-33）である。全日本無産者芸術連盟の機関誌『戦旗』に掲載された『蟹工船』（1929年）は，国策の名のもとに母船式蟹漁業で使役される労働者を中心に，北洋漁業の暗部を描いた作品であった。また同年には，『不在地主』を発表し，実際に起こった磯野農場における小作争議をリアルに描いた。

満蒙開拓と北海道　1931（昭和6）年に満州事変が勃発し，翌年には満州国が建国された。これにより，拓殖の比重は北海道から満州へと移行していった。1936（昭和11）年，広田弘毅内閣は満州開拓移民推進計画を閣議決定した。日中戦争の拡大にともなって，1938（昭和13）年には，北海道から15～19歳の第1次満蒙開拓青少年義勇軍として222人が満州へわたった。

樺太移民政策の確立とあいまって，北海道は移民を送り出しながら移民を受け入れる事態となり，また戦時経済体制のもとで，北海道は石炭・金属や食糧増産が至上命令とされた。太平洋戦争に向け，北海道も例外なく産業の統制と軍事化が推し進められていった。

資料

◆多喜二の死

1903（明治36）年，秋田県に生まれた小林多喜二は，進学のため叔父を頼り，小樽高等商業学校（現，小樽商科大学）に通った。卒業後，北海道拓殖銀行小樽支店に勤務するかたわら，執筆活動を続けた。1933（昭和8）年，特高警察に逮捕され，獄中で激しい拷問を受け，死亡した。

◆茨城県内原訓練所に向かう北海道の第1次満蒙開拓青少年義勇軍

第二次世界大戦後，北海道ウタリ協会の役員を務めた貝澤正（1912-92）の弟2人も，この義勇軍に参加している。正自身も1941（昭和16）年から約2年間は，満拓公社の雑役夫として満州に渡った。

コラム 強制移住とアイヌ民族

現在の新ひだか町（旧静内町）は，日本有数の馬産地であり，数多くのサラブレッドを誕生させた町でもある。また，ここには日本一の桜並木と称される「二十間道路桜並木」が雄大な景観を醸し出している。1872（明治5）年，開拓使は同地に7万haに及ぶ広大な牧場地を開設した。その後，宮内省の所轄に移管され，新冠御料牧場となった。この桜並木は，1903（明治36）年に御料牧場を視察する皇族が，貴賓館である凌雲閣（現，龍雲閣）や事務所に至るための行啓道路として整備されたものである。伊藤博文をはじめ，大正天皇や昭和天皇も皇太子時代に滞在した。1916（大正5）年には，幅二十間（36m），延長8kmの道路の両側に1万本もの山桜が移植された。

新冠御料牧場の競馬場騎手と附添アイヌ

こうした華やかな舞台裏で，アイヌ民族の強制移住が行われていた。1888（明治21）年，御料牧場への改称にともない，同地域に住んでいたアイヌ民族が姉去村に強制移住させられ，牧場内で小作人として使役されていた。さらに，1916（大正5）年には，姉去を飼料場に使用するという理由で，そこから50km離れた平取町の上貫気別に，またもや強制移住させられた。無人となったアイヌ民族のチセ（家）は，御料牧場によって焼き払われた。戦前期の北海道は，開拓や保護を名目としたアイヌ民族に対する強制移住の実態が，各地に存在していた。

❷ 北海道アイヌ協会の設立

北海道アイヌ協会　1930(昭和5)年，北海道アイヌ協会が設立された。これは，北海道庁の役人であった喜多章明が，十勝旭明社を母体に全道的なアイヌ保護行政を展開させるにあたり用いた名称であった。実質は，旭明社の承認が得られないままでの設立であった。同年11月，機関誌『蝦夷の光』が刊行された。これもまた，組織的な手続きを経ずに，喜多が行ったものであった。しかし，協会の実態はともかく，『蝦夷の光』がアイヌ民族にとって，貴重な意見交流の場であったことは間違いなかった。

寄稿文は，地域的なかたよりがあったものの，全道各地から寄せられた。内容としては，民族の自己修養や生活改善といったものが多かったが，なかには北海道旧土人保護法への批判もあった。確かに，北海道庁の役人である喜多という人物が，こうした意見交流の場を提供したという側面はあったが，アイヌ民族がこれに積極的に，自覚的に参加していったということがむしろ重要であった。こうした動きは，全道アイヌ青年大会として結実した。

北海道アイヌ協会設立総会への参加者　近年の歴史研究の評価では，こうした協会や大会の設立を背景に，喜多のような行政にかかわる人物の関与を認めつつも，アイヌ民族の主体性を重視している。

全道アイヌ青年大会　1931(昭和6)年8月2日，札幌の堯祐幼稚園において，全道アイヌ青年大会が開かれた。これは，はじめての，全道規模でのアイヌ民族の会合であった。大会の開設にあたっては，喜多と北海道庁社会課の嘱託として活動していたジョン・バチェラーが密接にかかわっていた。全道各地から70人余りの男女が参加した大会の成果は，非常に大きなものであった。小川佐助(1905－87，浦河)，向井山雄(1890－1961，伊達)，貫塩喜蔵(1908－85，白糠)をはじめとする7人が意見発表を行い，さまざまな内容が協議された。先の北海道アイヌ協会も，この時に追認されるような形で承認され，全道に18の支部が設置された。

協議・決議された事項は8月4日，陳情書提出という形でアイヌ側の代表者が道庁内務部長と社会課主事に手渡した。その内容は，アイヌ民族に対する「保護」政策の問題点を指摘し，北海道旧土人保護法の改正を要求するものであった。具体的には，給与地の規模拡大や相続方法の改正，アイヌ学校の廃止を求めた。大会は，1910年代以降におけるアイヌの人々の言論活動や社会運動が結実した内容となった。

土地問題の深刻化　北海道アイヌ協会設立の前後，アイヌ民族の土地問題が深刻化していた。そもそも，北海道旧土人保護法の柱の一つが，さまざまな制限などを設けて，アイヌ民族に土地を確保することであった。しかし，実際は売買されている，小作権が設定されている，という実態があり，道庁は地域の有識者を土人保導委員に任命し，アイヌ民族の保護救済にあたらせた。また，土人互助組合を設置させ，土地の共同管理を行わせたが，問題の解決には至らなかった。

コラム 土地「保護」の崩壊

　1930（昭和5）年3月，政府は帯広区裁判所に土地所有者であるアイヌと購入者である和人の売買関係を，保護法の趣旨に反するものとして破棄するよう訴えた。しかし，裁判所は政府側の請求を認めなかった。理由は，保護法の規定があるにしても，第三者である政府には，売買されてしまった土地に対する訴訟の法的権限はないということであった。これは，保護法で禁止されている土地の売買が実際に行われていても，行政側にはもはやこれを止める手段がないことを意味していた。土人保導委員を任命したり，土人互助組合を設置して土地の共同管理をはかったりしたが，売買などの土地問題が発生した場合，現地ではこれを解決できず，道庁から役人を派遣していることがしばしばであった。相続以外の土地の譲渡を禁止した北海道旧土人保護法の第2条の規定は事実上，崩壊していたという問題点を，アイヌ民族も行政も十分に認識しており，同法改正への動因の一つとなった。

コラム 旭川近文給与地問題

　北海道旧土人保護法の制定後，アイヌ民族の土地問題を最も顕著に示したのが，旭川近文の給与予定地問題であった。そもそもこの土地は，1894（明治27）年，北海道長官の渡辺千秋（1843－1921）が同地方を巡視した際に，和人の流入によって旭川（上川）アイヌ民族の居住地がなくなることを危惧し，割り当てられたものであった。しかし，この土地は，あくまで「予定地」であり，完全に「給与」されたものでもなかった。その後，鉄道が旭川まで開通し，また第七師団が配置されると，軍都としての旭川の市街地は拡大していった。さらなる和人の流入と土地の利権に絡む業者の存在が，同地域の問題を複雑化させていった。

　1906（明治39）年，道庁はこの土地問題の解決を，旭川町へ土地貸与（30年間）という形で決着させた。すなわち，旭川町は給与予定地42万坪余りのうち，約35％にあたる15万坪余りを，50戸のアイヌ民族へ転貸しし，約23万坪弱を和人に転貸しした。さらに旭川町は，和人からの賃貸料などは教育や住宅建設など，アイヌ民族への保護政策にあてることを決めた（「旭川町旧土人保護規程」）。その後，同地は旭川市が1932（昭和7）年10月まで無償貸し付けを受けることになった。問題は近文のアイヌ民族にとって，この貸付期間が終了したあとの土地問題をどのように解決するかということであった。

　契約終了日に至るまでの，アイヌ民族の給与地返還運動が始まった。当初，アイヌ民族に対する政府や道庁の反応は鈍いものであった。荒井源次郎（1900－91）を中心とするアイヌ民族側は，内務大臣に対し，2度の陳情を行うと同時に，荒井宅において「全道アイヌ代表者会議」を開催した。1932（昭和7）年6月には，荒井をはじめ同夫人ミチエ，砂沢市太郎，同夫人ペラモンコロ，小河原亀五郎の5名が上京し，関係諸官庁や議員を精力的にまわり，土地の無償下付の請願書を提出した。政府も彼らの動きに前向きに検討する動きをみせ始めたが，期日満了まで決定に至らず，旭川への貸与期間を1年間延長することにした。

　その後も，荒井をはじめとする旭川アイヌ民族は返還活動を続けた。こうして，道庁・政府はアイヌ民族の正当な要求を無視できなくなり，給与予定地問題への対応として，1934（昭和9）年3月，「旭川市旧土人保護地処分法」を公布して，給与予定地をアイヌ民族に「単独所有財産」または「共有財産」として無償で下付することになった。しかしこれは，北海道旧土人保護法の規定よりもきびしい条件での下付であった。

耕作する旭川近文の総乙名・上川コヌサアイヌ夫妻　コヌサアイヌは，近文給与予定地の払い下げを出願し，また大倉組によるアイヌ民族の強制移住の不正を政府に訴えた，旭川アイヌの有力者である。

❸ 北海道旧土人保護法改正とアイヌ民族

保護法の改正　戦前期までに，北海道旧土人保護法は2度改正された。最初は1919（大正8）年の改正で，1923（大正12）年の土人救療規程とともに，アイヌ民族の医療的な対応の充実をはかったものであった。その後，旭川近文の給与予定地問題で，全道各地のアイヌ民族代表が上京して同法改正の陳情を行っていたが，北海道庁は1935（昭和10）年7月に，道内の学者，アイヌ人口の多い地域の町村長，アイヌ民族の代表を札幌に集めて，旧土人保護施設改善座談会を開催した。

このなかで，同法における給与地の譲渡制限の緩和，農業以外の生業への助成，不良住宅の改良，アイヌ学校の廃止などが話し合われた。こうして，アイヌ民族の意見を聴取するという形式をとり，政府は1937（昭和12）年にふたたび同法を改正した。

改正のポイントは，①給与地に対する制限の撤廃で，それまで給与地には相続以外に譲渡は禁止されていたが，北海道長官の許可により土地の売買を含めた権利を認めたこと，②農業のみを対象とした経済的補助を，それ以外の生業にも拡大すること，③住宅改良のための資金を助成すること，④特設アイヌ学校を廃止することであった。

改正後のアイヌ社会　この改正の意図，または意味はどこにあったのだろうか。土地の譲渡が許可されたのち，土地を手放し，他業種への転業をはかるアイヌ民族が多かったという。帝国議会において，政府側の同法改正の目的説明の一つに，アイヌ民族の同化をいっそう進めるため，土地譲渡に関する制限を撤廃し，経済活動の促進をはかることがあげられた。しかし，実際には，住居環境さえもいまだ劣悪で，この住宅問題一つをとってみても，多くのアイヌ民族が和人と経済的に同じ土俵に立っていなかった現実を表していた。

教育の面では，いっそうの矛盾を生んだ。道庁は，1922（大正11）年4月，旧土人児童教育規程を廃止し，道内の特設アイヌ学校を漸次統廃合していた。また，1937（昭和12）年の北海道旧土人保護法の改正で，特設アイヌ学校は廃止となり，以後，和人との共学が原則となった。

和人との共学は長くアイヌ民族の願望でもあり，和人との別学が教育の格差を生み，これが実生活を送るうえで支障をきたし差別につながっていると，多くのアイヌ民族が認識していた。他方では，特設アイヌ学校における日本語の習得は完了し，和人と机を並べて授業にのぞめるほど十分な成果があったとして，廃止されたのである。しかし，共学が始まり，多くの悲劇が生まれた。和人との共学は，アイヌ児童が圧倒的少数になることを意味していた。差別と迫害が繰り返される日常の教室において，アイヌ児童は実質的には和人との別学状態におかれ，出席率は低下していった。政策としては，日本人への「同化」をめざしつつも，実社会においては結果的に「排除」されるという，戦前期の植民地政策の本質が同法改正には内在していた。北海道旧土人保護法は廃止されず，改正されたのであった。

同法の改正にあたり，アイヌ民族内部でも意見はわかれていた。たとえば，旭川のアイヌ民族は廃止を主張していた。しかし，大方は将来の撤廃を望みつつも，現状においては「保護」を必要とする同族が多くいると認識されていた。

異民族への「同化」政策　一般的に，同法の改正によって，対アイヌ行政が「同化」政策から「福祉」政策へ転換したという見方がある。

つまり，明治期以降の「同化」政策の成果で，アイヌ民族に日本語が普及し，もはや別学を基礎とした特設アイヌ学校は不要となった。そして，和人と変わらぬアイヌ民族は，生活改善を主眼とした福祉の対象となったと説明される。

　『旧土人に関する調査』（1922〈大正11〉年）は，アイヌ民族の生活全般を道庁が調査したものであるが，その調査結果項目の一つに「同化の程度」というものがある。その基準は，「和語を解するものの数」，「文字を解するものの数」，「宗教上の同化の程度」に分類されている。これらの項目は，いずれも学校教育によって改善・向上できるものである。そして，行政は多くのアイヌ民族が，日本語を解し，話し，記し，そして「日本人」としての宗教観念を有することになったことを，「同化」の基準としていたことがわかる。

改正案が帝国議会で通過した際の記念写真　池田清（1885－1966）北海道庁長官をはじめ，アイヌ民族の代表者らが並んでいる。吉田菊太郎は前列左より3人目。

第70回帝国議会を傍聴した十勝アイヌ代表団　吉田菊太郎，喜多章明らが写っている。右から3人目が吉田。

> **コラム**　「外地」の植民地化政策
>
> 　明治維新後の日本では，対外戦争で獲得した領土を，本土（本州・四国・九州）の内地に対し「外地」と呼んでいた。これに加えて，北海道も外地と認識されていた。日中戦争以後，植民地の朝鮮・台湾における「皇民化」政策は強化されていった。「皇民化」政策は，異民族を皇民（日本人）とするための諸政策である。
>
> 　朝鮮半島では「内鮮一体」が強調され，神社の強制参拝や日本語の常用が強制されていった。1938（昭和13）年から志願兵制がしかれ，皇軍の兵士として従軍した。朝鮮の人々にとって，こうした行動はあくまで「日本人」として認められるための行為であった。さらに，創氏改名が強要されたあとに，1943（昭和18）年からは徴兵制が施行されたが，朝鮮・台湾の人々には内地で居住する者を除いて，最後まで参政権などは付与されなかった。
>
> 　日本人とほぼ差異がない諸権利を認められたアイヌ民族と比較すると，差は明白である。

❹ 第二次世界大戦における戦時体制と北海道

日中戦争と第七師団　第一次世界大戦後の世界秩序は，ヴェルサイユ・ワシントン両体制にささえられていたが，各国ではこうした秩序の破壊が始まった。日本は，満州事変後の1935(昭和10)年に国際連盟を脱退し，ドイツはナチズム体制を，イタリアはファシズム体制をそれぞれ確立した。また，国際社会における役割が増大しつつあったソ連に対抗する形で，1937(昭和12)年，3国は日独伊三国防共協定を結び，枢軸陣営を成立させた。

同年7月の盧溝橋事件をきっかけに始まった日中戦争は，泥沼のような長期戦となり，国民に対する戦時統制が強化された。これと前後して，旭川におかれた第七師団の役割も大きくなった。前年の1936(昭和11)年9月には昭和天皇が来道し，10月に北海道帝国大学農学部に大本営をおき，陸軍特別大演習が行われた。これは将来における対ソ戦も考慮して，満州地方と地理的条件が共通する北海道が選ばれたためであった。

日中戦争が始まると，1938(昭和13)年，第七師団は北辺の守りを担う重要師団として，満州派遣を命じられ，以後，同地域の警備にあたった。1939(昭和14)年5月，満州国とモンゴル人民共和国の国境で日ソ両軍が激突したノモンハン事件では，ソ連の大戦車軍団の前に大打撃を受けた。参戦した第七師団の被害は甚大で，総人員の32％が戦死・戦傷し，翌1940(昭和15)年に北海道に帰還した。

戦時体制の強化　第1次近衛文麿(このえふみまろ)内閣は，1937(昭和12)年10月，国民精神総動員運動を展開し，国民の戦争協力をうながすために，国家主義・軍国主義を鼓吹した。さらに，1938(昭和13)年4月には国家総動員法を制定し，政府は議会の承認なしに戦争遂行のために必要な物資や労働力を動員することができるようにした。北海道においては，こうした政策が植民地の人々に対する強制連行という形で現れた。

1939(昭和14)年に同法に基づき国民徴用令が発令され，そのうえで同年7月に内務省からの通牒(つうちょう)「朝鮮人労務者内地移住に関する件」が出された。これは朝鮮半島の人々に対し，雇用の名を借りた強制連行を政府が認めたものであった。戦時における労働力不足は予期されるものであり，国家総動員法に基づき114万人の労務動員計画が策定され，そのなかに移住朝鮮人8万5000人が含まれていた。敗戦までに，相当数の朝鮮の人々が強制連行され，北海道の炭鉱や鉱山，または土木作業現場などといった，危険で過酷な労働に従事させられた。

1939(昭和14)年9月，ドイツのポーランド侵攻により，第二次世界大戦が始まった。当初，ヨーロッパ戦線への不介入方針をとっていた日本政府であったが，1941(昭和16)年12月，東条英機内閣の成立後に日米衝突回避の交渉が決裂し，日本は英米と開戦した(太平洋戦争)。開戦にともない，戦時体制はいっせいに強化された。産業・経済は統制され，食糧・衣料は配給制となった。新聞事業令により，10社を超えていた道内の新聞社は，『北海道新聞』(札幌)に統合された。

強制連行の始まり　1942(昭和17)年には，東条英機内閣で中国人の強制連行が閣議決定された。北海道には全国最多の1万5051人が連行され，3036人が死亡した。1945(昭和20)年，秋田県で起こった中国人強制連行労働者の暴動事件(花岡(はなおか)事件)にみられるように，各地で過酷な労働条件下での就労の実態があった。北海道沼田町に

あった明治昭和鉱業所に就労させられた中国人男性の劉連仁は，1945(昭和20)年7月に事業所から逃亡し，その後，13年間も山野にひそむ生活を続けた。北海道での労働は，寒冷地という地理的条件もあり，労働は他地域と比べられないほど過酷で，その死亡率も全国で最も高かった。

大本営がおかれた北海道帝国大学農学部

御統監(由仁野外統監部)

資料

◆陸軍特別大演習

北海道で開催された陸軍特別大演習では，弘前の第八師団が南軍として，旭川の第七師団が北軍として演習を行った。この際，現在の北海道大学農学部に大本営がおかれ，来道した昭和天皇は，この時に道内各地を巡幸した。

◆北海道における強制労働の開始

1939(昭和14)年から開始される北海道への朝鮮人強制連行において，第1陣の室蘭港についで，第2陣が上陸したのが函館港である。三菱鉱業所扱半島人労働者部隊の第1陣350人が上陸し，道内各地に移動させられた。

朝鮮人の強制連行を伝える写真
(『函館新聞』昭和14年10月5日付)

在道朝鮮人の職業別変化　　　( )内は％

	鉱夫	土工・日雇・人夫	その他	合計
	人	人	人	人
昭和13年	746 (6.2)	1,142 (9.5)	10,175 (84.3)	12,063 (100)
14年	8,384 (38.6)	2,193 (10.1)	11,139 (51.3)	21,716 (100)
17年	33,764 (50.4)	11,231 (16.8)	21,992 (32.8)	66,987 (100)

桑原真人『近代北海道史研究序説』による。

5 太平洋戦争と北海道・アイヌ民族

太平洋戦争　太平洋戦争が始まり、1942（昭和17）年6月におけるミッドウェー海戦は、戦局を大きく転換させ、アメリカの対日反攻作戦を本格化させた戦いであった。

北海道では、第七師団が南北両方面での作戦行動を行った。南方面では、1942（昭和17）年8月、同師団から海戦支援のために南太平洋上のガダルカナル島に、一木支隊が派遣された。しかし、同島で支隊はほぼ全滅し、一木清直(1872－1942)支隊長は戦死した。翌年、旭川に帰還した者は出動兵力の1割以下であった。

一方、北方面では北海支隊が組織され、アリューシャン列島のアッツ島・キスカ島の攻略が命じられた。これは、アメリカ軍の同列島での軍事基地建設の機先を制し、また米・ソの同島付近での協力体制を分断するための占領であった。しかし、1943（昭和18）年5月、アメリカ軍の反攻でアッツ島守備隊は全滅し、太平洋戦争の最初の玉砕となった。日本軍の侵攻は限界に達し、絶対国防圏もしだいに崩壊していき、第七師団の派遣隊は千島列島に帰還した。

戦時下のアイヌ民族　1945（昭和20）年3月、アメリカ軍は硫黄島を占拠し、4月には沖縄本島に上陸し、占領した（沖縄戦）。沖縄戦は熾烈をきわめたが、沖縄戦戦没兵士の数は、沖縄県出身者を除けば北海道出身者が6万4000人中の約1万人と最大で、そのなかに確認できるアイヌ兵士は43人いた。同化政策により、「日本人」となったアイヌ民族に対する戦争への動員は徹底したものであった。

従軍したアイヌの人々は、おそらく献身的な皇軍の兵士であった。しかし、それは「アイヌ」としてのアイデンティティを捨て去ることではなかった。

戦時下では、各コタンで戦勝祈願のためのカムイノミが挙行されていた。カムイノミとはアイヌの伝統的な儀式の一つで、神に祈るという意味である。これには、長万部の飯生神社（1943年12月）、平取の義経神社（1944年3月）、静内の不動神社の例がある。その内容は、少なくとも新聞報道で喧伝されるような「鬼畜米英を駆逐せよ」といった敵愾心をあおるようなものではなく、あくまでも出征する兵士の無事を祈る、国土を守るという内容であった。日本語を強制させられ、「同化」を進められたアイヌの人々のなかで、アイヌプリ（アイヌ式、アイヌ風）によるカムイノミが行われていた。

北海道における終戦　沖縄戦が終わると、アメリカ軍の大機動部隊が北上し、北海道の主要都市も被害を受けた。道内唯一の重工業地帯であった室蘭は、空襲と艦砲射撃により多数の死者を出した。また、青函連絡船も全滅し、本州との交通は完全に途絶えた。1945（昭和20）年8月9日、ソ連は日ソ中立条約を一方的に破棄し、対日参戦した。ソ連の参戦により満州、南樺太、千島列島が戦場となった。千島での戦闘では500人以上の死者を出し、4万5100人がシベリアへ強制連行された（シベリア抑留）。樺太からも多くの日本人が北海道へ移り住み、少数ではあったがアイヌ・ウィルタ・ニヴフ（ギリヤーク）の人々も移住した。

資料

◆「大東亜戦争に古潭からも続々招集された」

幕別町，白人古潭は，吉田菊太郎がリーダーを務め，模範的なアイヌ民族の集落として，昭和天皇の来道の際には，御使として岡部侍従長が差し遣わされている。

◆札幌逓信局編『アッツ玉砕録』（1943年）

同書は，戦史に比類ない業績として，玉砕した将兵の逸話や功績を掲載しつつ，米・英国に対する必勝を期すために，出版された。

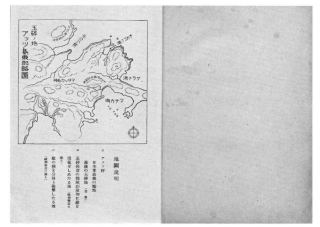

◆「南北の塔」（沖縄県糸満市）

1966（昭和41）年，糸満市真栄平地区の住民を中心に建立された，太平洋戦争犠牲者の慰霊碑。沖縄戦に従軍した，アイヌ民族である弟子豊治らも建立に協力した。その後，アイヌ民族の一団が同地を訪れ，イチャルパ（供養祭）を行っている。

第5部　大正・昭和初期の日本とアイヌ民族

Self Study　考えてみよう！

1. 文字をもつ必要がなかったアイヌ民族は，同化教育によって日本語の読み・書きを強制させられた。その結果，アイヌ民族が日本語で自分たちの考えを他者(和人)に表現できるようになった事実がある。しかし同時に，民族固有の言語を失いつつある状況にもなった。このことについて，あなたはどのように考えるだろうか。

2. アイヌ文化の重要性を認識しつつも，懸命に「日本人」になろうとするアイヌ民族も多くいた。そうしたアイヌ民族に対して，あなたはどのように感じるだろうか。

3. 現代社会においては，一般的にその国の国籍を有する者が国民と呼ばれる。しかし，現実的には，民族の相違により国内でさまざまな差別や迫害が起こっている側面もある。こうした問題は，なぜ起こるのだろうか。本書を読み直しながら考えてみよう。

1

2

3

Further readings

榎森進　『アイヌ民族の歴史』　草風館，2007年
小川正人・山田伸一編　『アイヌ民族　近代の記録』　草風館　1998年
小川正人　『近代アイヌ教育制度史研究』　北海道大学図書刊行会，1997年
山田伸一　『近代北海道とアイヌ民族─狩猟規制と土地問題─』　北海道大学出版会，2011年
麓慎一　日本史リブレット57『近代日本とアイヌ社会』　山川出版社，2002年
竹ヶ原幸朗　研究集成第1巻『教育のなかのアイヌ民族』　社会評論社，2010年

第6部　戦後民主国家の成立とアイヌ民族

　1945(昭和20)年8月の敗戦後，日本を占領した連合国軍最高司令官総司令部(GHQ/SCAP)により民主化政策が進められ，その過程で制定された日本国憲法は，国民の自由や平等を保障した。このような新体制のなかで，アイヌ民族自身による権利回復運動も大きな広がりをみせることになる。

　しかし，その運動の発展は必ずしも一つの方向に向かっているわけではなかった。戦後の民主化が進み，高度経済成長による経済的な豊かさが実現されるなかで，アイヌ民族に対する差別や経済的な格差はいっこうになくならなかった。このようななかで，アイヌ民族はさまざまな動きをみせた。

　福利厚生に問題を特化させて生活の改善をはかろうとする動き，貧困や差別を民族問題としてとらえ政治的な要求を掲げる動き，民族としてのアイデンティティをもつことを断念し同化することによって差別からの解放を試みる動き，差別が存在し続けるなかでも先祖から伝わる文化に誇りをもって後世に伝えていこうとする動き，それぞれの動きが複雑に絡み合いながら，試行錯誤を繰り返し，差別の根絶や格差の是正を求めてきたのが，戦後におけるアイヌの権利回復運動であった。

　戦後の日本社会は，日本国憲法のもとで自由や平等を保障し，すべての国民の幸福を追求するはずであった。しかし，いまだ差別や格差は存在し続けている。戦後におけるアイヌ民族の歴史を学びながら，日本社会が今日かかえている課題や，すべての人が幸福になるための展望について考えてみよう。

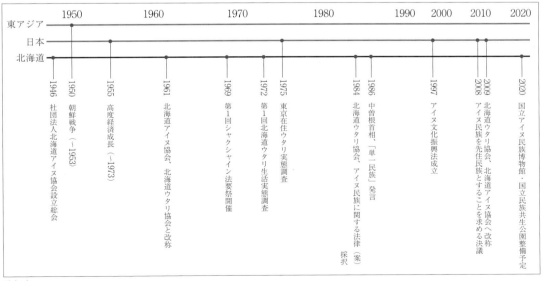

略年表

第1章　戦後のアイヌ民族の運動

❶ 敗戦直後の民主化の風潮とアイヌ民族の活動

GHQの占領政策と北海道

　1945(昭和20)年8月，日本は敗戦し，GHQの支配下に入った。北海道には同年10月にアメリカ軍が上陸し，北海道地方軍政部がおかれた。占領当初のGHQは，日本の非軍事化・民主化政策を進め，軍国主義者や国家主義者など，戦争に深くかかわった指導者の公職追放を行った。

　また民主化政策の一環として，1946(昭和21)年9月に東京都制・府県制・市制・町村制が改正され，自治体首長が直接選挙によって選出されるようになった。また，この改正と同時に北海道は都府県と同じように地方公共団体として事務処理を行う権能を認められた。1947(昭和22)年4月には北海道庁長官の選挙が行われ，全北海道庁職員組合委員長で，日本社会党の支持を受けた田中敏文(1911−82)が当選した。同年5月に地方自治法が施行され，長官は知事となり，田中は初代北海道知事となった。

敗戦直後のアイヌ民族

　このような民主化の風潮のなか，アイヌ民族はどのような活動をしたのだろうか。1946(昭和21)年1月9日の『北海道新聞』に，北海道アイヌ問題研究所の高橋真(1920−76)がGHQに対し，アイヌ問題解決に向けた請願書を提出したという記事がある。戦前から釧路で新聞記者をしていた高橋は，のちに『アイヌ新聞』を発刊するが，そのなかでもたびたびGHQに対して強い期待を寄せる記事を書いている。敗戦により，これまでに権勢を誇っていた勢力の地位がゆらぐなか，アイヌ民族のなかにはGHQの民主化政策に強く期待する意見もあった。

　1946(昭和21)年2月，静内町において社団法人北海道アイヌ協会の設立総会が開催された。この協会は，1930(昭和5)年に設立された北海道アイヌ協会を前身と意識しつつも，まったく別の組織として，北海道の協力を得ながらアイヌ民族の有志によって結成された。同協会の定款によると事業目的は，教育の高度化・農業や漁業の発展・療養施設の充実など福利厚生に重点がおかれていた。機関誌『北の光』創刊号に寄稿された，常務理事小川佐助(1905−87)「アイヌ協会存立の趣旨と使命」のなかでは，「本会が設立された頃，色々な政治団体が雨後の筍の様に簇(続)出した折柄であった為，本会も其類の如く誤解を受けた様に聞い居りますが，決して政治団体でないと言うことは，本会の定款によっても明白でありますが創立以来の行動によっても明かであります」と，協会が社会事業団体であることが強調されていた。

　一方，政界進出に挑戦するアイヌ民族も登場した。1945(昭和20)年12月，満20歳以上の男女に選挙権を認める新しい選挙法が制定され，1946(昭和21)年4月に第22回衆議院議員選挙が行われた。小政党が各地に誕生し，立候補者は選挙史上最も多かった。このようななか，大河原徳右衛門(日本自由党)，辺泥和郎(日本社会党)，川村三郎(無所属)の3人がアイヌ民族としてはじめて国政選挙に立候補した。また，1947(昭和22)年4月の北海道庁長官選挙に佐茂菊蔵が，同年の北海道会議員選挙に小川佐助が立候補している。いずれも落選したものの，戦後の民主化の風潮は，アイヌ民族の活動にも大きな影響を与えた。

史料

◆ 1946年1月9日 『北海道新聞』

　「北海道アイヌ問題研究所」では終戦以来，民族的な自覚から種々な覚民運動を展開して，各地に散在するウタリーに飛撒，偽らざる「アイヌの声」をまとめていたが，今回左の十項目にわたる実践運動の眼目を纏め，これが達成のため米軍第七十七師団長ブルース少将に宛てアイヌ問題解決への請願書を提出中のところランドル代将の名をもって研究に対して理解ある回答があったので，同研究所では近く責任者の髙橋真氏の手から持永道庁長官へ提示し永年にわたって山積していたアイヌ問題の処理のため本格的に乗り出すことになった。旧土人共有財産の公開，旧土人給与地の整理，旧土人住宅の徹底的な改善，旧土人保護法の適正なる運営，道庁内にアイヌ人の旧土人学校指導員を置く，アイヌ厚生会館を札幌に置くこと，アイヌ人種問題の徹底的研究調査，アイヌ教化功労者への謝恩，自由狩猟の公認，食糧難の解決策としてアイヌの原始食料公開。

◆ 1946年3月1日 『アイヌ新聞』

　新しい世紀の汐流は刻々我等の身辺に迫り来る‼マッカーサー元帥の温情は，自由の為に日本人を解放してくれた。アイヌモシリ（北海道）を護り，平和の促進の為に努めてくれる米軍第七十七師団長エデイ・ブルース少将閣下及びランドル代将閣下に対し全ウタリは深い感謝を捧げ以つて進駐軍将兵の武運長久を祈らねばならぬと共に，エカシやフチ達が血と涙とを以つて開いてくれた我等アイヌの北海道から軍国主義者や人民を苦しめ私腹を肥やす悪党不正和人を一人のこらず追放しなければならない。

※アイヌ新聞　『アイヌ新聞』は1946（昭和21）年3月に創刊された。発行部数についての詳細はわからないが，第6号に「現在申込者アイヌは450部」とある。髙橋真が執筆した記事を中心に，社団法人北海道アイヌ協会設立の中心となった指導者たちの投書などで紙面が構成されている。

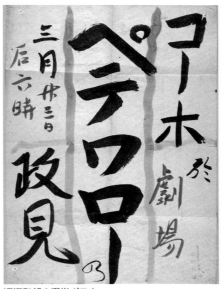

辺泥和郎の選挙ポスター

❷ 農地改革とアイヌ民族

新冠御料牧場解放運動　敗戦直後，GHQの指令で皇室財産が凍結されたことにより，新冠御料牧場を農地として村民に解放することを要求する運動が起こった。この地には，もともとアイヌの集落があったが，牧場設置時に強制移住させられた経緯があった。御料牧場解放運動は和人が主体となって展開されていたが，北海道アイヌ協会はこの運動に刺激を受け，開放に向け活動を始めた。同協会は，1946(昭和21)年5月に北海道庁長官，関係各省に陳情活動を行い，翌年2月には衆議院に請願を行った。同年4月に新冠御料牧場は宮内省から農林省に移管され，7月には22戸のアイヌ民族に旧御料牧場内の土地が与えられた。

農地改革とアイヌ民族　GHQの民主化政策の一環として，農地改革が行われた。経済の民主化をめざし，寄生地主制を解体し，自作農を増加させることがこの改革の目的である。不在地主の土地は，国が強制的に買い上げて，小作農に安く売り渡した。この結果，小作地は1950(昭和25)年までに1割程度にまで減少し，大地主は強大な経済力を失った。

北海道旧土人保護法により給与地を得ていたアイヌ民族のなかには，農業の不慣れなどから土地を他人に貸し，みずからは他の生業で生活する者も存在した。その場合，賃貸した土地は不在地主の貸し付け地とされ，農地改革の対象となる。結成して間もない北海道アイヌ協会は，給与地を農地改革から除外することを求め，北海道，中央関係省庁，GHQへ積極的な陳情活動を行った。こうした陳情活動を受けて，北海道知事は1947(昭和22)年10月に農林大臣・厚生大臣宛に給与地を農地改革から除外するよう申請している。

しかし，1948(昭和23)年2月，農林省より北海道知事に対して給与地を農地改革から除外することはできないという見解が示された。GHQもアイヌ民族の陳情に対して積極的に見解を示すことなく，給与地所有者の多くが「不在地主」という名目で給与地を強制買収された。

こうした給与地の強制買収に対し，裁判所への異議申し立てが頻発した。しかし，裁判所はこれらの訴えを退けた。理由は，自作農創設特別措置法は農業生産力の向上という公共の福祉を目的とした法律であるのに対し，北海道旧土人保護法は私益の保護を目的としたものであるからというものであった。このことは，「公共の福祉」という論理の前に，北海道旧土人保護法がなんの力ももち得ていなかったということを示している。寄生地主制を解体し，自作農を激増させた農地改革は，戦後の民主化を進めた重要な施策であったが，アイヌ民族に対しては不利益を与える側面もあった。この後，給与地回復運動は散発的になり，途絶えていくことになった。この運動の挫折後，1960年代まで北海道アイヌ協会の活動は停滞した。

> **史 料**
>
> ◆1947年2月19日　『北海道新聞』
>
> 　本道アイヌ一万七千名を代表してアイヌ協会理事小川佐助，文字常太郎，淵瀬惣太郎の三氏は去年末上京以来旧土人保護法の改正をはじめ新冠御料牧場ならびに日高の種馬場の開放アイヌの厚生施設の資金充当のため競馬の開催の許可などについて，宮内，農林，厚生各省に陳情するとともに，とくに宮内省鈴木主殿頭の斡旋で高松宮にも面会して現在のアイヌの苦境を述べ宮様から激励された。
>
> 　三氏はさらに元代議士手代木隆吉氏の案内で十七日午後一時衆議院を訪れ，椎熊代議士の斡旋で副議長室で増田運輸，河合厚生，木村農林の三大臣に陳情した。
>
> ◆1947年12月　「北海道アイヌ協会監事　辺泥和郎より，連合国軍最高司令官ダグラス・マッカーサー宛文書　北海道アイヌ人所有地に関する嘆願書　抄」
>
> 　農地改革は日本民主化のための重大な事業であることはよく理解して居り，去る七月廿五日開かれました第三十五回対日理事会の席上で，日本政府の農地改革についてGHQのR・S・ハーデ農業経済課長殿が御説明ありました如く「占領軍の総合的民主化目的に沿って搾取的な小作制度の宿弊を取除く」のが目的とされていることを硬く信じて居ります。
>
> 　然し乍ら前記対象となったアイヌに与えられた農地の四〇％に当たる二千町歩の小作地は専農として経営維持が出来なかったのが最大の原因であり，決して一般日本人の地主の如く，余った土地や，又は小作料だけで生活が出来るので貸したのではなく，土地によって生活を維持する事に無智であった点を利用して借りられた結果であり，日本国内にあった在来の小作制度の宿弊とは全くの立場が反対であって，北海道各地でアイヌの土地を使って居る日本人は有力であり，地主であるアイヌ人は益々生活困難となり，殊に一九四五年以来はその度が強くなってきたのであります。
>
> ＊本文は英文化されており，英文のものが正式文書として提出されたと考えられる。
>
> ◆1948年2月10日　「農林省農政局長より北海道知事宛文書　北海道旧土人保護法により下付したる土地に関する農地改革関係法令の適用について」
>
> 　客年10月28日付亥社第951号を以って表記の件に関し申請があったが，農地改革の遂行上北海道旧土人の所有地であるとの理由で農地改革関係の法令の適用から除外することは不可能であるから一般農地と同様に取扱はれたい。それと同時に北海道旧土人に対してのみ特に不利なる取扱をなすことも亦許されぬことであるから，かかる非難の起こらぬよう農地委員の指導には特に留意されたい。

農地改革ポスター

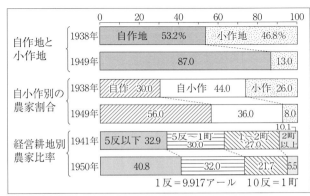

農地改革表

❸ 経済復興とアイヌ民族

観光とアイヌ民族　1950年代，朝鮮戦争による特別需要（特需）を契機に，日本経済は復興のきざしをみせ始めた。1956（昭和31）年度の『経済白書』は「もはや戦後ではない」と記し，戦後復興期が終わり，成長の時代が始まったことを示した。このようななか，北海道への観光客数は飛躍的に増加し，アイヌ民族は北海道を代表する観光要素として注目された。また1950年代末には，アイヌ民族を題材とした小説がベストセラーとなり，映画化されるなど，マスコミで大きく取り上げられた。しかし，アイヌ民族の生活改善への要求や，給与地の問題などが大きく取り上げられることはなかった。

北海道観光ブームが加熱するなか，アイヌ文化を観光産業に利用することを問題とする意見も現れた。観光地などで誤ったアイヌ文化が紹介されていたり，アイヌ民族が現在も伝統的な衣装や家屋で生活しているかのように演出されていることが批判の対象となった。また，本来，神聖な儀式であるイオマンテ（熊送り）が，観光客相手に見せ物のように演じられていることなどについても，疑問の声があがった。

このような，無知や誤解が誤ったアイヌのイメージを形成し，それが差別の温床になっていると考えた人たちは，観光地でのアイヌ文化の扱われ方に対し，強く抗議した。

新たな文化の創造　アイヌ文化を創作し，観光資産にすることに対して批判がある一方，1950（昭和25）年に阿寒で生まれた「まりも祭り」は，新たに創造された祭であった。まりもが絶滅の危機に瀕していたため，購入されたまりもを返還してもらい，湖に返そうとする運動が起きた。その運動から，「まりも祭り」をアイヌ民族の伝統にのっとって行うというアイディアが生まれた。

アイヌ民族はまりもを神として信仰してきたことはなく，この祭をアイヌ民族本来の祭ではないとする批判もあった。しかし，長年アイヌ文化伝承活動にたずさわり，この祭の中心人物でもあった山本多助（1904－93）は，つぎのようにこの祭の意義を語っている。

「何も古来からなかったからといって祭事をつくってはならないということはない。大昔の人々も何か重要な祈願することがあって祭事をつくり，それを営々と受け継いできたに違いない…（中略）…最初はみんな返還されてきたまりもを湖に送り返す儀式という単純な発想だったが，おれは，どうせやるならアイヌ民族が持っている自然崇拝の思想を心に込めて，一年に一度くらいマリモを通して大自然に感謝するのだと考えて，これまで儀式の中心でやってきたのだ。」(四宅豊次郎「まりも祭り今昔」『まりも祭り五十年のあゆみ』阿寒湖アイヌ協会，2000年)

この祭は，多くの観光客を呼び込んだ。しかし，そこで演じられてきた儀式は単なる観光宣伝ではなく，まりもの保護を訴え，アイヌ民族の精神性を通じて自然と人間の共生について考える場を提供してきた。「まりも祭り」は観光の振興，自然の保護と結びつきながら，新たなアイヌ文化を創造したといえる。

> **史 料**
>
> ◆高倉新一郎「アイヌの今昔」
>
> 　今なお北海道には○○コタンと称して，そこを訪れると，昔ながらの家があり，昔ながらの服装をした老人がいて，アイヌの生活を語り，希望によっては踊りや儀式を見せてくれる。しかし，もうそれはもはやコタンではない。観光用の舞台である。
>
> 　演技がすむと，普通の服装にかえって，自動車をとばして家に帰る。家は普通一般の家と少しも変わっていない。
>
> 　　　　　　　　　　　　　　（『日本の文化地理　第1巻　北海道』，講談社，1969年より）
>
> ◆荒井源次郎による新聞投稿（1966年7月5日　『朝日新聞』）
>
> 　北海道の紹介や観光の案内に，ほとんど例外なしにアイヌ風俗の紹介があるが，それにもアイヌはあたかも昔のままの生活をしているかのように紹介され，そんなアイヌ部落が今なお実在して，そこに酋長※がいるかのように扱われている。
>
> 　このため一般和人間に差別観念を植えつける結果となり，劣等視される同族の子弟が心理的に非常な影響をうけることを私は心配する。どうか，大方の同族に対する誤解や認識を，このさい改めていただきたい。
>
> ※「酋長」という言葉は，「未開社会の首長」という意味合いの言葉であり，アイヌのリーダーを示す際に使用されてきたが，1970年代以降の北方史研究が，アイヌを夷狄視することへの批判を強めるなかで，「酋長」の語の使用がさけられる傾向が生まれてきた。「部落」という語も同様に注意が必要である。

『森と湖のまつり』（1958年公開）映画のポスター

『コタンの口笛』表紙　アイヌの姉弟を主人公とした児童文学『コタンの口笛』（石森延男著，東都書房，1957年）は，ベストセラーとなり，テレビ・ラジオでドラマ化され，映画化された。アイヌ青年を主人公とした小説『森と湖のまつり』（武田泰淳著，新潮社，1958年）もベストセラーとなり，映画化された。

まりも祭り

④ 高度成長とアイヌ民族

注目される「文化財」　1950(昭和25)年，文化財保護法が制定されたのを機に，アイヌ文化は伝統文化として注目されるようになった。1951(昭和26)年，北海道教育委員会は口承文芸やアイヌ舞踊を無形文化財として保存する計画を立て，調査や記録が行われるようになった。1950年代には，萱野茂(1926－2006)によるアイヌ民具の収集，帯広での十勝アイヌウポポ愛好会の結成，アイヌ民族に関する文化財を集めた吉田菊太郎(1896－1965)による蝦夷文化考古館の建設などの動きがあったが，全体的にはアイヌ自身が文化財保護にかかわる例は少なかった。また，行政による調査や記録の目的は，将来的にアイヌ文化を振興していこうとしたのではなく，日本文化の起源を探ることに重きがおかれていた。アイヌ民族の側から，文化の調査や記録になんの意味があるのか，といった否定的な意見も少なからず存在した。

北海道アイヌ協会の再建　1950年代には，北海道アイヌ協会の活動は停滞していたが，各地域のアイヌ民族から行政に対し共同作業所や生活館の建設など，さまざまな生活改善要求が寄せられていた。また，北海道観光ブームやアイヌ文化に対する関心が社会的に高まってくるのと同時に，そうしたアイヌ民族の動きが報道されるようになっていた。

　1955(昭和30)年，神武景気と呼ばれる好景気になり，いわゆる高度経済成長が始まった。高度成長のなか，厚生省は1960(昭和35)年頃から同和地区を中心に，不良環境地区改善対策事業を開始していた。1960(昭和35)年の『厚生白書』には，北海道のアイヌ集住地区の環境改善についても言及があった。同年，北海道はアイヌ集住地区の概況を調査し，劣悪な環境にあった地区を不良環境地区と位置づけ，厚生省に対し生活環境改善のための予算措置を要求した。1961(昭和36)年から北海道不良環境地区改善対策事業が開始され，共同作業所や生活館などが建設された。

　この事業の進展と同時期の1960年4月，北海道アイヌ協会の再建を呼びかけた総会が行われた。同協会は，アイヌ民族の向上と福利厚生の充実を目標とし，北海道と協調しながら，生活改善要求をしていく組織として活動を再開した。翌年の総会では，協会名を北海道ウタリ協会と改称することが決議された。

　1963(昭和38)年3月，北海道ウタリ協会は，機関誌『先駆者の集い』を発刊した。創刊号の主な内容は，北海道不良環境地区改善対策事業についてであり，北海道知事や北海道庁職員から数多くの寄稿があった。当時の理事長は，「発刊のことば」のなかで，協会の目的はあくまで「厚生福祉」にあることを強調している。一方で，協会員からの原稿には，アイヌの歴史や文化，先住民族であることに誇りをもとう，というような呼びかけもあり，協会の目標である「アイヌ民族の向上」の内容は福利厚生のほかにも，さまざまな要求があったと考えられる。なおその後，協会の活動はふたたび停滞し，機関誌第2号が発刊されるのは1971(昭和46)年であった。

> **史料**
>
> ◆北海道教育委員会『北海道文化財シリーズ第6集 アイヌ文化篇』(1964年)
> 　今日まだ残るアイヌ資料とアイヌの人々のあいだに伝わる記憶により，アイヌ文化を正しく追及(ママ)することはわれわれの使命である。アイヌが幸か不幸か，開発が遅れてはじめられたこの北海道という辺境に居住したために，長く人種の島となって珍しくも近代まで残ったのであるが，その文化の本質とそれに与えた近代文化の影響を追及(ママ)することは，人類の文化発達の経路をたどるうえにも貴重な資料である。
>
> ◆1955年4月24日 『北海道新聞』 投書欄 「アイヌの願い」
> 　無形文化財資料としてアイヌの記録映画を作るということですが私はアイヌに関する一切の映画化に賛成できません。…アイヌの踊りやベカンベ祭などを記録したとしても真のアイヌ古老が存命しない現在何の価値がありましょう。たとえあったとしても"滅びゆく民族"と呼ばれる者への興味以外のものではありますまい。それともアイヌ民族に対して何か格別の保障でも与えることができるというのでしょうか。…私たち若いアイヌには過去のアイヌがどんな生活をしていたか全く判らず，また言葉も風習もすべて相違し和人と同じ生活を送っているはずなのに和人の私たちを見る眼は非常に冷いのです。

コラム 萱野茂の文化伝承活動

　アイヌ文化の伝承活動に尽力した萱野茂(かやのしげる)は，1926(昭和元)年生まれ。いっしょに暮らしていた1850(嘉永3)年生まれの祖母が，夜な夜なアイヌ語でウエペケレ(昔話)をしてくれた。祖母が亡くなった1945(昭和20)年頃から，彼はアイヌ文化を意図的に遠ざけるようになった。アイヌ研究者が墓をあばいて副葬品や骨をもち去ったり，研究と称して採血や体毛の状態を調査するなど，アイヌ民族を人間扱いしないような行いをみるにつけ，アイヌ文化を研究することに対して否定的な考えをもつようになったという。

　1953(昭和28)年，父が大切にしていたトゥキパスイ(捧酒箸)が研究者にもち去られた。この時，彼は土地を取られ，言葉を奪われ，墓を荒らされ，わずかに残っていた生活の片鱗まで奪われている事実に愕然(がくぜん)とし，アイヌ民具をみずからが購入し，収集することを決意した。その後，彼は多岐にわたる民族文化伝承活動を行った。

　1960(昭和35)年頃から，多くの老人を訪ね，テープレコーダーでアイヌ語の昔話を収集する活動を始めた。録音する村々で，時には彼の活動が理解されないこともあったというが，この活動はのちに『ウエペケレ集大成』(1974年)という書籍になり，多くの人々に読まれることになった。また，1970年代には資料館建設に向けた活動を行い，1972(昭和47)年完成の二風谷(にぶたに)アイヌ文化資料館には，彼が長年にわたって収集した資料が展示されることになった。

『先駆者の集い』
創刊号表紙

萱野茂(1960年)

第6部　戦後民主国家の成立とアイヌ民族

第2章　アイヌ民族，権利獲得への道

❶ アイヌ民族による文化伝承活動

「同化」をめぐる問題

『先駆者の集い』創刊号に寄稿した元北海道職員は，「同化政策は漸く実を結び，その言語風俗に於て，その習慣に於て，はた又生活様式に於て一般人に比し，異ならない状況に進んだ…(中略)…今日の場合，もはやアイヌとかシサムとか言つた時代ではない。今後はキッパリと斯る民族意識を払拭し，立派な社会人としての自覚の上に立って人生街道を濶歩して欲しい」と述べている。

アイヌ民族の幸福は和人への「同化」であるという観念は，当時，強く批判される意見ではなかった。また，憲法が基本的人権の尊重を掲げているにもかかわらず，民族差別を受け続けたアイヌ民族のなかからも，その民族性を否定的にとらえる意見があった。

長い歴史のなかで，社会的・経済的に劣位におかれたアイヌ民族は，いつしか「アイヌである」ということを理由として差別の対象とされた。アイヌ民族にとって「同化」とは，和人との差異を消滅させ，それによって差別をなくすために受け入れざるを得ないもの，としてとらえられることもあった。観光地での文化展示や文化財保存・文化伝承活動などに対して批判的な意見があったのも，このような文脈のもとでのことであったと考えられる。

文化伝承活動

しかしその一方で，アイヌ民族の文化や歴史に誇りをもち，発展させていこうとする動きは戦後も続いていた。戦後の北海道アイヌ協会の設立や『アイヌ新聞』などを通じた言論活動は，福利厚生のみを目的としたものではなく，みずからの民族性を前面に押し出した活動でもあった。また，十勝アイヌウポポ愛好会の結成や蝦夷文化考古館の建設などの動きも歴史や文化を伝承していこうとする動きであった。

そして，1970年代に入ると，アイヌ民族が主体となった文化活動を行うような機運が生まれた。1972(昭和47)年，萱野茂や北海道ウタリ協会が主体となって，平取町二風谷にアイヌ文化資料館を建設した。翌年，北海道ウタリ協会は北海道教育委員会にアイヌ文化の保存を要求している。また，アイヌ民族による文化保護活動を受け，和人側のアイヌ文化を受け止める姿勢にも変化が現れてきた。1975(昭和50)年には，北海道教育委員会がアイヌ文化の記録や調査を北海道ウタリ協会に委託した。同年，釧路市春採のアイヌ古式舞踊が「記録作成等の措置を講ずるべき無形文化財」に選定され，1984(昭和59)年には8つの文化保存団体が国の重要無形文化財に指定された。

これらの動きは，従来「見せ物」として受容されがちであったアイヌ文化の位置づけを変え，アイヌ自身による文化伝承活動に弾みをつけた。このような状況のなかで，アイヌ民族の幸福は和人への「同化」であるという観念は，主流な言説とはなり得なくなった。

> **史料**
>
> ◆加藤ナミエ「わが師・わが民族の遺産」(「エカシとフチ」編集委員会『エカシとフチ』札幌テレビ放送株式会社，1983年)
>
> 　ウポポ保存会をやるようになったきっかけは，広野ハル婆ちゃんや吉根リツ婆ちゃんに十勝のアイヌのもの残してくれ，残してくれって言われるようになってからなのね。それまでは生活のこともあったし，またやる気もなかったしね。いま，子供達学校行ってシャモの勉強しているしょ。私自身も六年間シャモの勉強して来たでしょ。そしたら自分の先祖のことなんかちっとも考えていないのね。ましてや残して行かなくちゃいけないってこともわからないのね。…(中略)…マリモ祭りへ行って見たら，目覚める思いしたんだよね。これだけ立派で素晴らしいものがあるんだって。阿寒の人達が昔のふれあいを大切にして一所懸命やっているのを見てそう思ったのね。
>
> 　私の目の前にぶらさがっているのに，なんで気がつかなかったんだろう。ああ，婆ちゃん達が本当に残せといっていたのは，こういうことなのかと思ったのね。…(中略)…阿寒のマリモ祭りに行って十勝に戻ってから，自分たちの祖先のことを本当にどうやったら残して行けるのかをいろいろ考えて…(中略)…一緒にやろよと言ってくれた人達と立ち上がって結成したのが，今のカムイトウウポポ保存会なんだ。私がマリモ祭りに行ったつぎの年の，昭和三十二年の二月に結成したんだ。結成してからも十年くらいは反対されたんだ。これからの子供の教育にならんとか，子供達の教育の邪魔になるとか，なんのためにアイヌのことをやらなくちゃいけないんだとかね。
>
> ◆萱野茂『アイヌの碑』朝日新聞社，1980年
>
> 　当時，道庁(北海道庁)は北海道開拓記念館を札幌の近くの野幌に建てる計画でしたが，それには37億円を計上したのに対し，わたしたちアイヌが自らの力で建てようとしたアイヌ文化資料館にはしぶしぶ200万円の支出でありました。
>
> 　一方，わたしたちの計画を新聞で知ったとか週刊誌で読んだとかいう見ず知らずの人々が何人かお金を送ってくださいました。わたしたちは，そうした人々の激励を心の支えに，一生懸命募金に歩いたものです。

平取アイヌ文化保存会によるアイヌ古式舞踊

❷ 差別に抵抗するアイヌ民族

開拓史観批判　明治改元から100年目にあたる1968（昭和43）年，「北海道百年記念式典」が盛大に行われた。しかし，北海道開拓にはアイヌ民族からの収奪や囚人労働など，さまざまな問題があったにもかかわらず，記念事業はその点には触れず，「北海道百年」を賛美していた。また，明治期に始まる「開拓」を北海道の起点とする歴史観は，アイヌ民族の存在を無視し，アイヌ民族にとっての「開拓」の意味を問おうとしない「開拓史観」として，アイヌ民族や歴史学者などからも批判の声があがった。

　高度経済成長をへて，1970年代には約9割の人が自分の生活を中流と考えるような「一億総中流」社会が到来した。しかし，北海道や東京都が1970年代に行ったアイヌ民族の生活実態調査によると，生活保護率・教育などにおいて和人との間に格差が認められ，学校・職場，結婚，就職などの場面で差別が存在し続けていることが報告されている。「開拓史観」の批判が高まる1970年代には，アイヌ民族をとりまく諸問題が注目され，アイヌ自身も差別の告発，教育の改善，文化伝承活動など，さまざまな運動を展開した。

アイヌの人々のさまざまな主張　1972（昭和47）年2月，北海道ウタリ協会石狩支部は，テレビドラマのなかのアイヌ民族に対する差別的な表現に抗議し，北海道内での放送を中止させた。世のなかの偏見・差別のまなざしに対して，アイヌ自身が抗議し，その解消を訴え，要求を通したことは画期的なことであった。同年12月，旭川アイヌ協議会が設立され，同協議会が法務省に抗議したことによって，戸籍簿の「旧土人給与地」という記載の削除が決定された。

　1973（昭和48）年1月には，札幌で「全国アイヌ語る会」が開催され，全国からアイヌの人々が参加し，差別の問題やアイヌ民族の未来について，活発な討論が行われた。同年10月には，ヤイユーカラ・アイヌ民族学会が，学者・研究者に独占されてきたアイヌ民族の研究を，アイヌ自身の手に取り戻すことを趣旨として設立された。同年6月には，アイヌ民族の手による月刊新聞『アヌタリアイヌ―われら人間―』が発刊された。若者を中心に発刊されたこの新聞では，「自分がアイヌであるということがどういうことか」という問題意識をもって，アイヌの老人から歴史の聞き書きを行ったり，山積するアイヌ民族に関する問題について議論する場を提供した。

　1970年代になると，教科書の記述の誤りや，観光地，ガイドブックにある誤りを指摘し，改善を要求する活動も活発に行われた。北海道ウタリ協会が機関誌を復刊させ，活動を活発化させたのも1970年代のことであった。

北海道ウタリ生活実態調査（2006年より北海道アイヌ生活実態調査）
生活保護率（％）

	1972年	1979年	1986年	1993年	1999年	2006年
アイヌが居住する市町村全体	1.8	2.0	2.2	1.6	1.8	2.5
アイヌ	11.6	6.9	6.1	3.9	3.7	3.8

高等学校への進学率（％）

	1972年	1979年	1986年	1993年	1999年	2006年
アイヌが居住する市町村全体	78.2	90.6	94.0	96.3	97.0	98.3
アイヌ	41.6	69.3	78.4	87.4	95.2	93.5

史料 『北海道新聞』1968年5月13日

読者の声 「アイヌを忘れないで 北海道百年におもう」

　ことしは北海道百年祭が道民の大きな関心事となっているようですが，私はこの行事になかなか興味を持てないのです。なぜならば私はアイヌ人だからです。私たちの祖先は明治以前からいろいろな形で圧迫を受けてきました。そしてこの進歩した今の世の中でさえアイヌの若い男や女が結婚しようとすると何かと障害となるケースは珍しくありません。また同じこの北海道に住み，いっしょに暮らしていながら，いまなおアイヌ人を低く見る人のいることも事実です。

　むろんきびしい自然条件の北海道に渡り，多くの困難を乗り越えて今日の北海道の繁栄の基礎を築いた人たちの努力には敬意を表わします。また北海道百年を機会に先人の労苦をしのぶことはけっこうなことと思います。しかし北海道百年を記念して建設する百年塔のその土台の下の北海道の土には，われわれアイヌ人の流した悲しい血がしみわたっていることも忘れないでほしいのです。

コラム 「北海道大学医学部アイヌ人骨問題と肖像権裁判」

　差別的な行為は，社会がそれに対し無自覚であることにより再生産されてきた。1980年代にアイヌの人々が行ったつぎの2つの活動は，そうしたことに抗議し，差別の存在を世に知らしめた例である。

　1930年代，北海道帝国大学医学部によって，研究を目的としたアイヌの人々の人骨の発掘・収集が行われた。1980年代には，約1000体の人骨が動物実験施設などに長年放置されていたことが明らかになり，1982（昭和57）年6月，北海道ウタリ協会は北海道大学に対し，遺骨供養と希望者への返還を要求した。

　この後，北海道ウタリ協会は，北海道大学医学部と十数回の協議を重ね，納骨堂の建設と希望する場合の人骨返還が確認され，1984（昭和59）年に納骨堂が完成し，以後，毎年，納骨堂前でイチャルパ（慰霊祭）が行われている。しかし，発掘の詳しい経緯など，いまだに明らかになっていないことも多く，現在も大学側に情報公開や真相の解明を求める訴えが継続されている。

　もう一つの活動は，1985（昭和60）年，あるアイヌが1969（昭和44）年に出版された『アイヌ民族誌』に無断で写真を掲載されたとして，肖像権の侵害と名誉毀損で著者と出版社を訴えたものである。訴えの内容は，つぎのようなものである。

　同書の内容は，アイヌ民族を「滅びゆく民族」として扱い，自分の写真を無断で使われたことは，自分が標本的に扱われ，滅びゆく民族のレッテルをはられたことになる。また同書は，「北海道百年記念事業」の一環として出版されたものであり，写真が掲載されたことにより，自分がこの事業に賛成しているかの印象を流布され，名誉を毀損された。

　この裁判は，「肖像権」の侵害を争うなかで，アイヌ差別の構造の一端を明らかにした。1986（昭和61）年，著者と出版社が原告に謝罪などを行う形で，この裁判は和解した。

アイヌ納骨堂の外観

第6部　戦後民主国家の成立とアイヌ民族

❸ 新法制定の運動

北海道旧土人保護法の存廃論争とウタリ対策

「北海道旧土人保護法」の存廃については，戦後から議論されてきたが，1960年代に廃止論が高まった。同法によってアイヌ民族の生活は向上しておらず，「旧土人」という差別的な位置づけは，差別を助長するというのが主な論点であった。自治省・厚生省から法律廃止の是非を問われた北海道ウタリ協会は，1965（昭和40）年の総会において，「旧土人」という呼称に抵抗はあるが，ほかにかわるべき法がないのに，廃止は時期尚早であるという廃止反対決議を行った。結局，北海道旧土人保護法は廃止されなかった。

1972（昭和47）年，北海道は「北海道ウタリ生活実態調査」を行い，そのデータをもとに第1次北海道ウタリ対策（1974〈昭和49〉～1980〈昭和55〉年度）が開始された。この事業は，国庫からの支出もあり，北海道ウタリ対策関係省庁連絡会議が設置され，国や北海道の補助で生活環境整備や生産基盤の整備が行われた。

1979（昭和54）年には，ふたたび「北海道ウタリ生活実態調査」が行われたが，第1次対策が行われたにもかかわらず，和人との生活格差や差別はなくなっていないことが明らかになった。また，第2次北海道ウタリ対策が始まった1981（昭和56）年には，北海道ウタリ協会会員から，第1次対策の事業が同和対策事業と類似しているのに，同和地区との格差が広がるばかりであるという批判の声があがった。同和対策は法律に基づいて進められているが，「ウタリ対策」事業にはそれを裏づける法律がないことが指摘され，協会の内部では北海道旧土人保護法を廃止し，アイヌ民族に関する新しい法律を制定する道が模索され始めた。

新法制定運動の始まり

1984（昭和59）年，北海道ウタリ協会の総会において，「アイヌ民族に関する法律（案）」が採決された。協会は，北海道知事などに対して，北海道旧土人保護法の廃止と新法制定を要請し，知事は1985（昭和60）年に私的諮問機関としてウタリ問題懇話会を設置し，新法制定についての検討を開始した。同懇話会は，北海道旧土人保護法の問題点や諸外国での先住少数民族政策について検討し，1988（昭和63）年3月に知事へ報告書を提出した。

報告書は，国会・地方議会にアイヌ民族の議席を確保することには疑問を呈していたが，北海道ウタリ協会が提案した法律案をおおむね認める内容となっていた。同年8月には，日本政府に対し，北海道ウタリ協会，北海道・北海道議会が新法制定を要請した。新法制定運動は，全道的な運動に拡大したが，アイヌ民族のなかには新法制定によるアイヌ民族に対する手厚い施策は，差別を助長するという反対論もあった。

> 史料
>
> ◆1965年6月16日　北海道ウタリ協会総会での理事長野村義一（1914−2008）の発言
>
> 　旧土人保護法は眠ったままですが，一個の法律としては生きています。この旧土人保護法の中で住宅と奨学金はこれを法律として保証されています。これを復活させるのです。
>
> 　現在，旧土人保護法などという法律があるからウタリはいつまでたっても駄目なのだ，こんな法律は早くなくしてしまえという声が全道のウタリの中で言っている人もあります。しかし，もっと現実的に眺めれば，ウタリのレベルは社会的，経済的，教育的にも一般と比較にはならないのが実情であります。ですからやせがまんをしないでこの法律を生かすことを考えるべきです。（西沢征夫「ウタリ協会議事録」『ペウレ・ウタリ4』より）

◆対談「白老にて」(1986年12月)より　野村義一の発言
　昭和45年，五十嵐広三が旭川市長をやっていたときに，全道の市長会で，旧土人保護法廃止の決議をしています。そのとき旭川アイヌ協議会の人達は，旧土人保護法の廃止に賛成でした。そのアイヌ協議会の人達に何度も会って意見を交換しました。私たち(ウタリ協会)は旧土人保護法に反対ではあるけれど，保護法が死文化され，何もしてくれなかったということの生き証人として，私たちがこの法律を背負って，ウタリ対策を国に訴えるから，もう少し時間をくれないか，という言い方をしました。

◆1976年度北海道ウタリ福祉対策予算

生活環境整備対策事業	216,969,000 円	生活館，井戸の設置や住宅改良資金貸し付けなど
修業対策事業	57,380,000 円	技術修得，就職支度経費の補助
基盤整備事業	124,038,000 円	農林漁業の施設整備など
教育文化対策事業	61,165,000 円	修学経費に対する補助，アイヌ文化保存など
保健衛生対策事業	1,995,000 円	巡回健康相談など
団体育成対策事業	6,200,000 円	北海道ウタリ協会に対する補助

◆アイヌ民族に関する法律(案)の要約
第一　基本的人権　この法律はアイヌ民族に対する差別の根絶を基本理念とする。
第二　参政権　アイヌ民族の地位回復のため，国会や地方議会にアイヌ民族代表の議席を設ける。
第三　教育・文化　アイヌ子弟に対する教育対策を実施すると同時に，教育からアイヌ差別を一掃する。またアイヌ語やアイヌ民族文化を振興し，そこにアイヌ民族が主体的に参加できるような対策を行う。
第四　農業漁業林業商工業等　諸産業においてアイヌ民族の経済的自立を促進する諸条件を整備する。
第五　民族自立化基金　従来の保護的な政策を廃止し，アイヌが自主運営できる基金を創設する。
第六　審議機関　国や地方政治にアイヌ民族政策を正当かつ継続的に反映させるために，審議機関を設置する。

◆『北海タイムス』1985年10月29日　荒井源次郎投書「アイヌ新法制定に断固反対」
　…(前略)…　最近，(新法制定)運動の実現を期して東京や大阪の弁護士団の協力支援を求めるといううわさが流れているが，新法の内容はどうあろうと一般の差別偏見的観念を助長し，特に教育，就職，結婚という人生の中でも最も基本的な面においてアイヌたちはますます根強く差別されることは明らかである。さらに法の下にアイヌたちを束縛するような制度は絶対反対である。アイヌのための新法制度はあくまでもアイヌを保護民だとのレッテルをはることであろう。レッテルをはられてウタリ(同族)が卑屈感を抱いて潜り込んで委縮しているよりも，正々堂々と一般社会に伍して進出し目的に向かってまい進しよう。またも侮辱的な新法制定には断固反対する。

❹ アイヌ民族の国際的な活動

先住民をめぐる国際的な活動

近代において、抑圧を受けてきた先住民は、世界中に存在している。1970年代に入ると、これらの民族は国家の枠組みを超えた活動をするようになり、1971年には国際連合が先住民族差別の調査を開始した。この調査報告を受けて、1982年には国連先住民作業部会が設立された。この作業部会は、先住民代表の参加を得ながら差別の歴史や現状、改善方法などについて検討し、民族問題の解決をめざした。アイヌ民族も、1970年代から世界の少数民族との交流を深め、民族問題の解決を模索した。

アイヌ民族の国連参加

1986(昭和61)年9月、中曽根康弘首相が、日本は単一民族国家であるという内容の発言を行い、アイヌ民族をはじめ、多くの国民が反発した。日本政府は、1980(昭和55)年、市民的及び政治的権利に関する国際規約(国際人権規約B規約)第27条に関連して、「本規約で規定する意味での少数民族は我が国に存在しない」という報告をしており、一貫して国内の少数民族の存在を否定してきた。その経緯を考えれば、中曽根首相の発言は政府見解と矛盾するものではなかった。北海道ウタリ協会は、この発言に対する抗議活動をきっかけに、日本政府の単一民族国家観の修正を求め、新法制定に向けて「アイヌ民族」の存在を認めるよう要請を行った。

また、北海道ウタリ協会は、1987(昭和62)年から国連先住民作業部会に参加し始め、国連への参加を通じて、「アイヌ民族」の存在を世界にアピールした。国連は、1990年の総会で、1993年を「世界の先住民の国際年(国際先住民年)」とすることを決定した。1992年、ニューヨークの国連本部で「国際先住民年」開幕式が行われた際には、北海道ウタリ協会理事長野村義一が演説を行った。アイヌ民族が国連を舞台とした活動を活発化するなか、1991(平成3)年12月、日本政府は国連人権規約第27条に関連して、アイヌ民族の位置づけを「これらの人々は、独自の宗教及び言語を有し、また文化の独自性を保持していること等から本条にいう少数民族である」と報告した。

1993年の国際先住民年に向けたシンポジウムなどが、北海道内のみならず東京や大阪でも開催され、メディアを通じて全国的に報じられた。それらの動きと合わせて、新法制定の議論も広く人々に知られ、国政のうえでも政治的な課題と認識されるようになった。

国連本部で演説する北海道ウタリ協会の野村義一理事長
国際先住民年の開幕式典(1992年12月10日)で、日本の先住民族として、日本政府、国連加盟諸国に"新しいパートナーシップ"を訴えた(竹内渉編『野村義一と北海道ウタリ協会』より)。

> **史料**

◆ 1970年代のアイヌと他国少数民族との国際交流
 1974年 2月 第1回アイヌ中国訪問
 1976年 2月 第2回アイヌ中国訪問
 1977年11月 ヤイユーカラアイヌ民族学会，中国訪問
 1978年 7月 アラスカのイヌイット訪問
     8月 第3回アイヌ訪中団
     9月 ヤイユーカラアイヌ民族学会，カナダ，アメリカの先住民族訪問

◆国連人権規約第27条の政府解釈について，参議院議員猪熊重二の質問と外務省の回答
「第107回参議院法務委員会議録」 1986年10月23日
―前略―
○猪熊重二君
 今の外務省の見解だと，アイヌは種族的に日本人と全く同じである，宗教的に日本人と全く同じである，言語的に全く同一民族であると，こういう見解に立っているということになるでしょうか。お伺いします。
○説明員（林貞行君）
 このＢ規約は，国連の人権委（ママ）員会で審議されましたが，その人権委員会が草案を総会に送りましたときに，審議の過程を記したアノテーションと申しますか，注釈がついております。それはこの審議の過程においてどういう議論があったかということを書いておるわけでございますが，本条の審議において，「種族的，宗教的又は言語的少数民族が存在する国において，」という意味の解釈に関し，本条項がカバーするのは，その国の領域内において明確に区別され，長期にわたって確立され，別個または独自の集団のみを対象とすることが合意されたというふうにこの解釈には書いてございまして，その点を踏まえて全体として解釈した次第でございます。

※市民的及び政治的権利に関する国際規約　第27条
 種族的，宗教的又は言語的少数民族が存在する国において，当該少数民族に属する者は，その集団の他の構成員とともに自己の文化を享有し，自己の宗教を信仰しかつ実践し又は自己の言語を使用する権利を否定されない。

◆ 国連総会「世界の先住民の国際年」 野村義一による記念演説　1992年
 私が今日ここに来たのは，過去のことを長々と言い募るためではありません。アイヌ民族は，先住民の国際年の精神にのっとり，日本政府および加盟各国に対し，先住民族との間に「新しいパートナーシップ」を結ぶよう求めます。私たちは，現存する不法な状態を，我々先住民族の伝統社会のもっとも大切な価値である，協力と話し合いによって解決することを求めたいと思います。私たちは，これからの日本における強力なパートナーとして，日本政府を私たちとの話し合いのテーブルにお招きしたいのです。

❺ アイヌ文化振興法制定とその後の動き

新法制定とその問題点 1990年代には、新法制定運動が広く人々に知られるようになったが、日本政府が新法制定に積極的に取り組むことはなかった。しかし、1994(平成6)年6月、日本社会党と自由民主党、新党さきがけの連立内閣が成立し、日本社会党の村山富市(1924－　)が内閣総理大臣に指名されると、積極的にアイヌ民族に関する対策が検討されるようになった。1995(平成7)年3月、村山内閣のもとで、内閣官房長官の私的諮問機関として「ウタリ対策のあり方に関する有識者懇談会」が設置された。この懇談会の報告書では、アイヌ民族の先住性、文化や生活が破壊されてきた歴史、文化の独自性などが確認され、文化の振興を通して民族の誇りを取り戻し、差別のない社会の構築をめざす必要性が唱われていた。

この報告書の提案をもとに法案が作成され、1997(平成9)年5月、「アイヌ文化の振興並びにアイヌの伝統等に関する知識の普及及び啓発に関する法律」(アイヌ文化振興法)が制定され、同時に「北海道旧土人保護法」は廃止された。しかし、法律の内容は文化振興策にのみ限定されており、アイヌ民族が新法制定運動のなかで要求してきたことを、すべて取り入れたものとはなっていなかった。

また、北海道旧土人保護法の廃止にともない、北海道知事が「共有財産」の返還手続きを開始した。「共有財産」とは、北海道旧土人保護法に基づいて国がアイヌ民族に交付した現金や土地で、北海道庁長官(のちの知事)が管理を委託されたものであった。これらの返還に対し、アイヌ民族から北海道が把握していない共有財産はないのか、共有財産がどのように管理されてきたのかを明らかにして欲しいとの要求があがった。北海道は時間の経過を理由にその調査を行わず、複数のアイヌ民族が原告となって、「共有財産」返還手続きの無効と取消を求める訴訟が行われた。裁判所は、二審で北海道が把握していない「共有財産」の存在を指摘したが、原告の要求を却下し、最高裁判所も上告を棄却した。

先住民族アイヌ 1997(平成9)年3月、札幌地方裁判所は「二風谷ダム訴訟」において、アイヌを先住少数民族として認め、国はその独自の文化に最大の配慮を行うべきとの判断をした。政府がこれまでアイヌ民族を先住民族と認めてこなかったことを考えると、国の機関である裁判所の判決は画期的なできごとであった。

2007(平成19)年9月、日本政府は国連の「先住民族の権利に関する国際連合宣言」採択に賛成票を投じた。また、2008(平成20)年6月、「アイヌ民族の権利確立を考える議員の会」によって提案された「アイヌ民族を先住民族とすることを求める決議」が、衆参両院で採択された。これを受けて、内閣官房長官談話が出され、アイヌ文化の独自性や差別の歴史などを認め、総合的な施策をめざす方向性が示された。

このような流れのなか、2010(平成22)年12月、「民族共生の象徴となる空間」が白老町に整備されることになった。ここでは、アイヌ文化に関する展示・教育普及・体験交流活動が行われるだけではなく、伝統的な儀式を行ったり、大学などにある遺骨のうち、返還の目途がたたないものについての集約・慰霊を行ったりするという機能が含まれた。また、2020年には同地に国立博物館の建設も予定されている。

しかし、先住権の内容や具体的な施策についての議論は始まったばかりであり、課題は多く残されている。日本全体での理解を、引き続きはかっていく必要があるといえる。

コラム ウタリ協会からアイヌ協会へ

　北海道ウタリ協会は、2000年代に入っての国内外の情勢の変化を受けて、2009(平成21)年4月、北海道アイヌ協会と改名した。戦後、「北海道アイヌ協会」として発足した協会の名称は、どのように変遷してきたのだろうか。

　1961(昭和36)年4月、北海道アイヌ協会の総会で協会名を北海道ウタリ協会と改称することが満場一致で可決された。改称の理由は、「アイヌ」という名称が差別を助長する可能性があるというものだった。総会に先立つ1960(昭和35)年7月に行われた協会の理事会の様子を伝える『静内支部会報』に、「若い人にはアイヌという呼称が聞きづらいと思いますが、7月5日登別で本部理事会において『アイヌ協会』を『ウタリ協会』と改称いたしましたので、御知らせ申し上げ」とあることから、改称には入会時の心理的抵抗をやわらげようとする意図もあったと考えられる。

　アイヌ民族にかかわる問題が社会的に注目されていた1973(昭和48)年の総会では、福祉問題に対象を限定しようとする理事会側と民族問題への発展を求める新世代との間で、激しい議論が繰り広げられたことが報じられている(1973年7月28日『北海道新聞』)。その議論のなかで、民族復権の足がかりとしてウタリ(同胞)というまぎらわしい言葉をさけ、アイヌ協会とするべきだという提案があった。この提案には根強い反対があり、次年度の総会で再討議されることになった。

　1984(昭和59)年5月の総会では、アイヌ民族に関する法律案が承認されたのにともない、名称をアイヌ協会に戻すべきという声が高まってきた。理事長野村義一は、「アイヌ新法ができたら名称を変更しよう」と総会で発言し、拍手で支持された。1997(平成9)年、アイヌ文化振興法が制定されたのを受けて、総会で名称変更が提案されたが、アイヌ文化振興法は協会が求めてきたアイヌ新法とは呼べず、差別は依然厳しく時期尚早であるという意見も強く、継続審議となった。

　少数民族をめぐる国内外の情勢変化のなか、2008(平成20)年5月の総会では、名称の変更が決議され、2009(平成21)年4月1日より協会名称は「北海道アイヌ協会」に改称された。しかし、総会では「時期尚早である」「アイヌと記された郵便物が届くことに抵抗がある」などの会員からの反対意見もあり、満場一致での議決ではなかった。日本社会は今もなお、アイヌがアイヌであると名乗ることに躊躇せざるを得ないような差別をはらんでいる。

北海道ウタリ協会機関誌『先駆者の集い』第114号(2008年12月22日) 定例総会・代議員会で、北海道アイヌ協会と名称変更することが承認されたと伝えている。

平成二十年度定例総会・代議員会 協会名称変更が承認される

　五月十六日(金) 札幌市かでる2・7ビルにおいて、総会出席者四十一名(うち委任状六名)、代議員二百十七名が出席する中、平成二十年度の定例総会・代議員会を開催しました。

　加藤理事長は冒頭の挨拶で、先住民族の権利に関する国連宣言が昨年九月に採択されたことを受けて、北海道及び国会議員による国内での行動、協会の今後の取り組みとビジョンについて説明をし、今年一年を重要な年と位置づけて、今後とも会員への協力を仰ぎました。

　協会名称を民族名であるアイヌに戻す時期がきたと述べ、来年度から名称変更を行うと提案しました。

　総会の進行にあたり、議長として江別支部の清水祐二さん、むかわ支部の片山幹雄さんが選出され、議題に沿って議事運営がなされました。第三号議案である平成二十年度事業計画の中で、理事長から提案の名称変更について承認され、来年度から社団法人北海道アイヌ協会と名称変更することとなりました。

　また、第五号議案では役員改選について提案がなされ、各地区から推薦された方々が新役員として、今後四年間の任期を負託されました。併せて理事の互選により、理事長には加藤忠氏が、副理事長はこれまでどおり、秋辺得平、阿部一司、川奈野惣七が選任されました。(「新役員の顔ぶれ」は八頁に掲載)

❻ 現代のアイヌ文化

アイヌ民族の現状　アイヌ民族の現状を知る一つの手がかりとして、北海道が実施している「北海道アイヌ生活実態調査」(1972〈昭和47〉年より概ね7年ごとに実施、1999〈平成11〉年の調査までは「北海道ウタリ生活実態調査」)がある。よくある疑問としては、「アイヌ民族は何人いるのか」といったものがあげられるが、2006(平成18)年の調査では約2万4000人、2013(平成25)年の調査では約1万7000人となっている。しかし、これは全国ではなく、あくまでも北海道の各市町村が把握できた人数であり、これまでに述べてきたように、きびしい差別を理由としてみずからがアイヌ民族であることを明らかにしていない人も大勢いることに気をつけなければならない。また、北海道大学アイヌ・先住民研究センターが2008(平成20)年に行った「北海道アイヌ民族生活実態調査」では、「アイヌ民族の重視する施策」として、「高校・大学進学や学力向上への支援拡充」「差別の起こらない人権尊重の社会をつくる」「雇用対策の拡充」「アイヌ語・アイヌ文化を学校教育へ導入」などが求められていた。ここで注目すべきは、高校・大学進学やアイヌ文化の教育といった教育に関する要望が大きいことである。このことは、日本全体がアイヌ民族に関する正確な知識を獲得してほしいということでもあり、学校だけではなく社会教育においても十分な機会が必要とされているといえる。

アイヌ文化を学ぶ　アイヌ文化について学ぶ場所としては、数多くの博物館が存在している。白老町のアイヌ民族博物館(2020〈平成32〉年に国立アイヌ民族博物館と合併予定)では、伝統的な文化の継承をめざして工芸や舞踏などに取り組んでいる。また、平取町立二風谷アイヌ文化博物館では、「現代のアイヌ文化」をメインテーマとした活動をしており、現代のアイヌ工芸に関する特別展やシンポジウムも開催されている。なお、同博物館のある平取町の「二風谷イタ」(盆)・「二風谷アットゥシ」(樹皮でつくった反物)は2013(平成25)年に北海道ではじめて「伝統的工芸品」(経済産業省)に指定された。

　これ以外にも、アイヌ語教室や刺繍教室が各地で開催されており、チㇷ゚サンケ(舟おろし)やアシㇼチェㇷ゚ノミ(鮭を迎え、豊漁を祈る)といった儀式も行われている。これらは、参加者みずからのアイデンティティとなるだけではなく、つぎの世代へ文化を受け継ぐ、という願いも込められている。

　伝統的な文化だけではなく、現代的な意匠を工芸作品に生かし、新たなアイヌ文化として創造したり、ウポポ(座り歌)などの口承文芸をモチーフに、トンコリ(樺太アイヌが用いていた弦楽器)やギターなどを使って現代風にアレンジしたりする活動もある。ただし、これらの創作活動のためには、その土台となる伝統的な文化について学ぶ必要があるといえるが、それらを学ぶ場や素材を充実させていくことが望まれているといえるだろう。

　既述の通り、「民族共生の象徴となる空間」と呼ばれる施設群の整備が白老町で進んでおり、2020年の完成がめざされている。ここには、国立アイヌ民族博物館や慰霊施設が含まれるが、単に施設を整備するというだけではなく、歴史に向きあい、アイヌ文化の担い手、そしてアイヌ文化の理解者がふえていくための取り組みが必要である。

　みずからと異なる文化を十分に理解するのには時間がかかるが、同じ土地に居住する者として理解しよう、学び取ろうとする姿勢を養っていくことが、これからの多文化・多民族社会では必須の教養であるといえるだろう。

資料 アイヌ民族に関する施策のうち，あなたの考えに近いもの（5,703人・複数回答可）

項目	％	項目	％
アイヌ文化を学び，研究するための国立センターを設置する	21.8	アイヌ民族への差別が起こらない人権尊重の社会をつくる	50.2
アイヌ語・アイヌ文化などを学校教育に取り入れる	32.7	アイヌ政策を審議するための常設機関を国及び地方に設ける	15.4
アイヌ民族を対象として農林水産商工業などを振興する	23.5	民族特別議席など，国政・地方政治にアイヌ民族の声を反映させる仕組みを作る	21.3
アイヌ民族の雇用対策を拡充する	42.9	アイヌ民族の土地・資源に対して補償を行う	21.6
アイヌ民族に対して高校・大学進学や学力向上への支援を拡充する	51.0	アイヌ民族のみを対象にした特別な政策は行わない	8.4
アイヌ民族が国有地・道有地などを自由に利用できるようにする	20.6	その他	2.5
アイヌ民族が鮭などを捕獲できるよう規制緩和をはかる	14.8	無回答	20.1

出典：小内透編著『現代アイヌの生活と意識—2008年北海道アイヌ民族生活実態調査報告書』北海道大学アイヌ・先住民研究センター，2010年より作成。

平形状のイタ　モレウノカ（うずまき）などのアイヌの文様，ラムラムノカ（うろこ）と呼ばれる文様が特徴である。

アットゥシ　沙流川流域の森が育むオヒョウなどの樹皮の内皮からつくった糸で機織された反物。

チッサンケ　平取町二風谷の沙流川で行われたチッサンケにて，丸木船で川下りをする参加者。

大学の公開講座でアイヌ文化についての講義を行う星野工氏（左）と居壁太氏

第6部　戦後民主国家の成立とアイヌ民族

Self Study　考えてみよう！

1. 「高度経済成長とアイヌ」の史料をみて，ここで述べられているアイヌ文化の調査・研究の目的はどのようなものであるか考えてみよう。また，この史料はアイヌ文化をどのように位置づけているか。この史料のなかのアイヌ観に問題はないか。いろいろな角度から考えてみよう。

2. 「アイヌ民族による文化伝承活動」の史料の話し手である加藤ナミエらは，1957年「十勝アイヌウポポ愛好会」を結成したが，アイヌの人々のなかから活動への批判の声があり，時には公民館での活動が妨害されることもあったという。アイヌ自身がこうした文化伝承活動に反対する理由には，どのようなものがあるか考えてみよう。

3. 抑圧を受けてきた世界の先住民について調べ，日本の民族問題と比較してみよう。

4. 日本各地の郷土芸能の伝承活動とアイヌの文化伝承活動のあり方を比較してみよう。

1

2

3

4

Further readings

榎森進　『アイヌ民族の歴史』　草風館，2007年
東村岳史　『戦後期アイヌ民族－和人関係史序説』　三元社，2006年
小川正人・山田伸一　『アイヌ民族近代の記録』　草風館，1998年
北海道ウタリ協会アイヌ史編集委員会編　『アイヌ史　資料編3』　北海道出版企画センター，1991年
北海道ウタリ協会編　『アイヌ史　北海道アイヌ協会　北海道ウタリ協会活動史編』　北海道出版企画センター，1994年
萱野茂　『アイヌの碑』　朝日新聞社，1980年
竹内渉　『野村義一と北海道ウタリ協会』　草風館，2004年

付　録

アイヌ文化関連施設

アイヌ文化関連施設

※以下の情報は2017年11月20日現在のものです。開館時間・休館日等は変更になることがありますので、訪問の際は事前に確認してください。

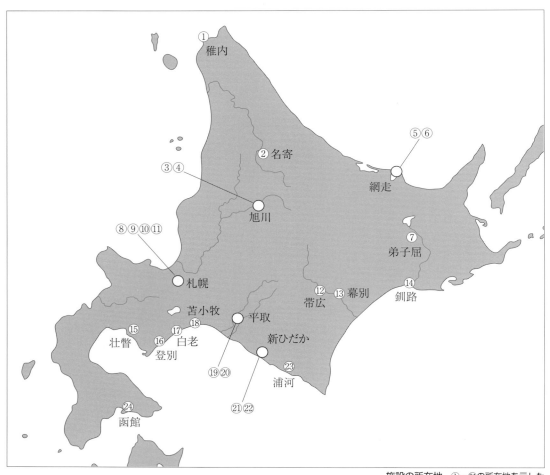

施設の所在地　①～㉔の所在地を示した。

《北海道》

①稚内市北方記念館
- 住所　　　097-0000　稚内市ヤムワッカナイ
- 電話　　　0162-24-4019
- URL　　　http://w-shinko.co.jp/hoppo-kinenkan/
- アクセス　稚内駅から車で10分
- 開館時間　9時～17時，6月～9月を除く月曜・11月～4月休館

②名寄市北国博物館
- 住所　　　096-0063　名寄市字緑丘222

電話	01654-3-2575（Fax：同）
URL	http://www.city.nayoro.lg.jp/section/museum/
アクセス	名寄駅から徒歩16分
開館時間	9時〜17時，月曜・年末年始休館

③川村カ子トアイヌ記念館

住所	070-0825　旭川市北門町11丁目
電話	0166-51-2461（Fax：0166-52-6518）
URL	http://k-aynu-mh.jp/
アクセス	旭川駅最寄り「1の8」停留所から旭川電気軌道バス利用で25分
開館時間	9時〜17時（7月〜8月は18時まで），年中無休

④旭川市博物館

住所	070-8003　旭川市神楽3条7丁目旭川市大雪クリスタルホール
電話	0166-69-2004（Fax：0166-69-2001）
URL	http://www.city.asahikawa.hokkaido.jp/hakubutukan/index.html
アクセス	JR旭川駅南口西側より徒歩10分
開館時間	9時〜17時，10月〜5月の毎月第2・4月曜（祝日の場合は翌日休）・年末年始休館

⑤北海道立北方民族博物館

住所	093-0042　網走市字潮見309-1
電話	0152-45-3888（Fax：0152-45-3889）
URL	http://hoppohm.org/index2.htm
アクセス	JR網走駅から網走バス施設めぐり線利用で15分
開館時間	9時30分〜16時30分，月曜（10月〜6月），祝日の場合は翌日休・年末年始休館 9時〜17時（7月〜9月），無休（7〜9月，2月）

⑥網走市立郷土博物館

住所	093-0041　網走市桂町1丁目1番3号
電話	0152-43-3090（Fax：0152-61-3020）
URL	https://www.city.abashiri.hokkaido.jp/270kyoiku/050kyoudo/
アクセス	網走駅から徒歩25分
開館時間	9時〜17時（11月〜4月は16時まで），月曜・祝日・年末年始休館

⑦弟子屈町屈斜路コタンアイヌ民俗資料館

住所	088-3341　弟子屈町字屈斜路市街1条通11番地先
電話	015-484-2128（冬期休業中は015-482-2948〈Fax：015-482-2343〉）
URL	https://www.town.teshikaga.hokkaido.jp/03kyouiku/30syougai/25shisetsu/ 2009-0317-2216-102.html
アクセス	摩周駅から車で20分，川湯温泉駅から車で20分
開館時間	9時〜17時，4月29日〜10月31日休館

アイヌ文化関連施設

⑧北海道立アイヌ総合センター

住所	060-0002　札幌市中央区北2条西7丁目　かでる2・7ビル7階
電話	011-221-0462（Fax：011-221-0672）
URL	http://www.ainu-assn.or.jp/about07.html
アクセス	札幌駅から徒歩10分
開館時間	9時～17時，日曜祝日・年末年始休館

⑨北海道博物館

住所	004-0006　札幌市厚別区厚別町小野幌53-2
電話	011-898-0466・0456（Fax：011-898-2657）
URL	http://www.hm.pref.hokkaido.lg.jp/
アクセス	新札幌駅からジェイ・アール北海道バス利用で15分 森林公園駅から徒歩25分，またはジェイ・アール北海道バス利用で5分
開館時間	9時30分～17時（10月～4月は16時30分まで），月曜（祝日の場合は翌日休）・年末年始休館

⑩アイヌ文化交流センター（サッポロピリカコタン）

住所	061-2274　札幌市南区小金湯27番地
電話	011-596-5961（Fax：011-596-5967）
URL	http://www.city.sapporo.jp/shimin/pirka-kotan/
アクセス	札幌駅からじょうてつバス利用で60分 真駒内駅からじょうてつバス利用で40分
開館時間	9時～17時，月曜・祝日・最終火曜・年末年始休館

⑪北海道大学植物園

住所	060-0003　北海道札幌市中央区北3条西8丁目
電話	011-221-0066（Fax：011-221-0664）
URL	https://www.hokudai.ac.jp/fsc/bg/index.html
アクセス	札幌駅から徒歩10分
開館時間	9時～17時，月曜休園

⑫帯広百年記念館

住所	080-0846　帯広市緑ヶ丘2番地
電話	0155-24-5352（Fax：0155-24-5357）
URL	http://www.octv.ne.jp/~hyakunen/
アクセス	帯広駅から徒歩25分，または拓殖バス・十勝バス利用で15分
開館時間	9時～17時，月曜（祝日の翌日〈土・日曜日は開館〉）・年末年始休館

⑬幕別町蝦夷文化考古館

住所	089-0563　中川郡幕別町字千住114番地の1
電話	0155-56-4899
URL	http://www.town.makubetsu.lg.jp/kyouiku/matikadogallery/ezobunkakokokan/ezobunkakokokan.html

アクセス	帯広駅から十勝バス利用で35分
開館時間	10時〜16時，火曜（祝日の場合は翌日休）・年末年始休館

⑭釧路市立博物館

住所	085-0822　釧路市春湖台1-7
電話	0154-41-5809（Fax：0154-42-6000）
URL	http://www.city.kushiro.lg.jp/museum/
アクセス	釧路駅からくしろバス利用で15分
開館時間	9時30分〜17時，月曜（4月〜11月3日は祝日の場合は翌日休）・11月4日〜3月の祝日・年末年始休館

⑮昭和新山アイヌ記念館

住所	052-0102　有珠郡壮瞥町昭和新山184-11
電話	0142-75-2053（Fax：0142-75-3122）
URL	http://ichibankan.asia/taiken/index.html
アクセス	新千歳空港から車で100分
開館時間	8時〜17時，年中無休（12月〜4月休館）

⑯のぼりべつクマ牧場　ユーカラの里

住所	059-0551　登別市登別温泉町224番地
電話	0143-84-2225（Fax：0143-84-2857）
URL	http://www.bearpark.jp/yukar/
アクセス	登別駅から道南バス利用で20分
開館時間	8時30分〜16時30分（7月1日〜9月30日は8時30分〜17時），2月1日〜3月31日は16時まで

⑰アイヌ民族博物館

住所	059-0902　白老郡白老町若草町2-3-4
電話	0144-82-3914（Fax：0144-82-3685）
URL	http://www.ainu-museum.or.jp/
アクセス	白老駅から徒歩13分
開館時間	8時45分〜17時，年末年始休館，2017年度末で閉館

⑱苫小牧市美術博物館

住所	053-0011　苫小牧市末広町3-9-7
電話	0144-35-2550（Fax：0144-34-0408）
URL	http://www.city.tomakomai.hokkaido.jp/hakubutsukan/
アクセス	苫小牧駅から中央バス・道南バス利用で15分
開館時間	9時30分〜17時，月曜・年末年始休館

⑲平取町立二風谷アイヌ文化博物館

住所	055-0101　沙流郡平取町二風谷55
電話	01457-2-2892（Fax：01457-2-2828）

アイヌ文化関連施設

URL	http://www.town.biratori.hokkaido.jp/biratori/nibutani/
アクセス	新千歳空港から車で60分
開館時間	9時～16時30分，月曜（11月16日～4月15日）・12月16日～1月15日休館

⑳萱野茂 二風谷アイヌ資料館

住所	055-0101　沙流郡平取町二風谷79番地4
電話	01457-2-3215（Fax：同）
URL	http://www.geocities.jp/kayano_museum/
アクセス	新千歳空港から車で60分
開館時間	9時～17時，年中無休（ただし11月16日～4月15日は要事前連絡）

㉑新ひだか町アイヌ民俗資料館

住所	056-0011　日高郡新ひだか町静内真歌7-1
電話	0146-43-3094
URL	http://www.hidaka.pref.hokkaido.lg.jp/ss/srk/hkd/tshinhid/ainuminzokusiryokan.htm
アクセス	新千歳空港から車で100分
開館時間	9時～17時，月曜・祝日の翌日，12月～4月休館

㉒シャクシャイン記念館

住所	056-0011　日高郡新ひだか町静内真歌7-1
電話	0146-42-6792
URL	http://www.hidaka.pref.hokkaido.lg.jp/ss/srk/hkd/tshinhid/syakusyainkinenkan.htm
アクセス	新千歳空港から車で100分
開館時間	9時～18時（11月～4月は9時30分～16時30分），月曜（祝日の場合は翌日）休館

㉓浦河町立郷土博物館

住所	057-0002　浦河郡浦河町字西幌別273-1
電話	0146-28-1342（Fax：0146-28-1344）
URL	http://www.town.urakawa.hokkaido.jp/sports-culture/museum/kyoudo-museum/shisetsu.html
アクセス	日高幌別駅から徒歩7分
開館時間	9時～16時30分，月曜・祝日・年末年始休館

㉔函館市北方民族資料館

住所	040-0053　函館市末広町21-7
電話	0138-22-4128（Fax：0138-22-8874）
URL	http://www.zaidan-hakodate.com/hoppominzoku/
アクセス	函館駅から徒歩25分，または市電・函館バス利用で10分
開館時間	9時～19時（11月～3月は17時まで），不定休

《北海道外》

国立歴史民俗博物館
住所	285-8502　千葉県佐倉市城内町117
電話	043-486-0123
URL	https://www.rekihaku.ac.jp/index.html
アクセス	JR佐倉駅からちばグリーンバス利用で15分
	京成電鉄・京成佐倉駅から徒歩15分，またはちばグリーンバス利用で5分
開館時間	9時30分～17時(10月～2月は16時30分まで)，月曜(祝日の場合は翌日)・年末年始休館

アイヌ文化交流センター
住所	104-0028　東京都中央区八重洲2丁目4-13　ユニゾ八重洲2丁目ビル3階
電話	03-3245-9831(Fax：03-3510-2155)
URL	http://www.frpac.or.jp/cultural_exchange/index.html
アクセス	JR東京駅から徒歩10分
開館時間	10時～18時，日曜・月曜・祝日の翌日，年末年始休館

東京国立博物館
住所	110-8712　東京都台東区上野公園13-9
電話	03-3822-1111
URL	http://www.tnm.jp/
アクセス	JR上野駅・鶯谷駅から徒歩10分
	京成・東京メトロ上野駅から徒歩15分
開館時間	9時30分～17時，月曜(祝日の場合は翌日)・年末年始休館

野外民族博物館リトルワールド
住所	484-0005　愛知県犬山市今井成沢90-48
電話	0568-62-5611
URL	http://www.littleworld.jp/
アクセス	名古屋市営地下鉄・栄駅最寄り「栄バスターミナル(オアシス21)」より50分
	名鉄・犬山駅から岐阜バスコミュニティ利用で20分
開館時間	9時30分～17時(12月～2月は10時～16時，1月・2月の土・日曜日は16時30分まで)，不定休

松浦武四郎記念館
住所	515-2109　三重県松阪市小野江町383番地
電話	0598-56-6847(Fax：0598-56-7328)
URL	http://www.city.matsusaka.mie.jp/site/takesiro/html
アクセス	JR津駅から三交バス利用で40分，またはJR六軒駅・高茶屋駅から徒歩45分
開館時間	9時30分～16時30分，月曜(祝日の場合は翌日)・祝日の翌日・年末年始休館

大阪人権博物館(リバティおおさか)
住所	556-0026　大阪府大阪市浪速区浪速西3-6-36

電話	06-6561-5891（Fax：06-6561-5995）
URL	http://www.liberty.or.jp/
アクセス	JR芦原橋駅から徒歩10分 南海電鉄木津川駅から徒歩5分
開館時間	10時〜16時（水〜金曜）・13時〜17時（土曜），日〜火曜・祝日・第4金曜・ 3月18日〜4月10日・8月12日〜13日・12月17日〜1月9日・年末年始休館

国立民族学博物館

住所	565-8511　大阪府吹田市千里万博公園10-1
電話	06-6876-2151
URL	http://www.minpaku.ac.jp/
アクセス	大阪モノレール・万博記念公園駅から徒歩15分 大阪モノレール・公園東口駅から徒歩15分
開館時間	10時〜17時，水曜（祝日の場合は翌日）・年末年始休館

天理大学附属天理参考館

住所	632-8540　奈良県天理市守目堂町250番地
電話	0743-63-8414（Fax：0743-63-7721）
URL	http://www.sankokan.jp/
アクセス	JR／近鉄・天理駅から徒歩20分，奈良交通バス利用で15分
開館時間	9時30分〜16時30分，火曜（祝日の場合は翌日）・毎月25〜27日・4月17〜19日・ 4月28日（創立記念日）・7月26日〜8月4日・8月13〜17日・年末年始休館

索 引

ア

愛国公党　78
会津大塚山古墳　16
アイデンティティ(我々意識)　6
アイヌ一貫同志会　106
アイヌ古式舞踊　128
「アイヌ・コロボックル論争」　92
アイヌ小学校　94
『アイヌ新聞』　120, 121, 128
『アイヌ神謡集』　102, 103
アイヌ政策推進会議　Ⅰ
アイヌ伝道団　107
「アイヌの今昔」　125
「アイヌの叫び」　102, 125
「アイヌの碑」　129
「アイヌ文化(期)」　1, 21
アイヌ文化の振興並びにアイヌの伝統等に関する知識の普及及び啓発に関する法律(アイヌ文化振興法)　136, 137
アイヌ保護学園　107
『アイヌ民族誌』　131
アイヌ民族に関する法律案　132, 133
アイヌ民族の権利確立を考える議員の会　136
アイヌ民族博物館　138
「アイヌ民族を先住民族とすることを求める決議」　Ⅰ, 136
『アイヌ物語』(1918年)　97, 102-104
『あいぬ物語』(1913年)　102
相原尚褧　71
アウストラロピテクス類(猿人)　2
『赤蝦夷風説考』　48, 49
『顕輔集』　24
商場　42, 46
商場知行制(「商場・知行(＝交易)」制度)　42, 45, 46, 50
旭川アイヌ協議会　130, 133
旭川町旧土人保護規程　111
足利義量　32
粛慎　23
アシリチェプノミ　138
厚岸国泰寺　57
安土桃山時代　21
アニワ文化　14
阿倍比羅夫　22, 23
安倍頼時　24, 25

阿部正弘　57
アヘン戦争　58
天川恵三郎　81
アームストロング社　105
荒井源次郎　111, 125, 133
新井田シュサンクル　102
荒井ミチエ　111
アルタミラ洞窟　5
アレクサンドル1世　54
アンジェリス　38, 39
アンデレス　107
安藤(下国)家政　36
安藤(安東)氏　28, 32
安藤盛季　32
安藤康季　32
飯生神社　116
イエズス会　38, 39, 41, 59
イオマンテ　26
イカシパ　87
居壁太　139
五十嵐広三　133
壱岐丸　101
池田清　113
イサラ　81
石狩炭田　104
イシハ(亦失哈)　34, 35
石森延男　107
「夷酋列像」　53
磯野進　105
磯野農場小作争議　106
板垣退助　71
板付遺跡　14
「一億総中流」社会　130
一木清直　116
イチャルパ(供養祭)　52, 117, 131
1級・2級町村制　102
夷狄　22
夷狄の商舶往還の法度　38, 39
伊藤内閣(第2次)　84
伊藤博文　71, 82, 109
イナウ　28, 29
稲作中心史観　15
井上馨　84
井上角五郎　105
井上源次郎　95
井上毅　89
井上伝蔵　79
猪熊重二　135
伊波普猷　102
イベチカレ　99
違星北斗　102, 106
入船遺跡　27
『入北記』　57
岩倉具視　60, 66
岩村通俊　66, 67, 71, 82, 88, 89

殷　14
インディアン一般土地割当法　91
ヴァイス, フランシス　61
ウイマム　47
ウィルタ　51, 116
ウエペケレ　127
ヴェルサイユ・ワシントン両体制　114
有珠善光寺　57
有珠モシリ遺跡　14, 15
烏孫　16
『ウタリグス』　107
ウタリ対策のあり方に関する有識者懇談会　136
『ウタリ之友』　107
ウタリ問題懇話会　132
宇津内文化　14
ウポポ　138
雨龍村蜂須賀農場争議　106
運上金　46, 48
運上所　52
英国聖公会海外伝道協会(CMS)　107
永寧寺　34, 35
永楽帝　34, 36
エカシ・イキリ　68
『エカシとフチ』　129
エカチェリーナ2世　52, 55
江賀寅三　98
恵山文化　14
蝦夷が島　42
『蝦夷島奇観』　27
蝦夷管領　28
『蝦夷今昔物語』　92
蝦夷三官寺　57
蝦夷地　41, 48, 54, 56-60, 63, 64
『蝦夷地一件』　48
蝦夷地開発計画　48
蝦夷錦　50, 51
蝦夷の沙汰　28
蝦夷の大乱　32
『蝦夷の光』　110
蝦夷文化考古館　126, 128
『蝦夷漫画』　29
江戸幕府　42
榎本武揚　57, 60, 76
蛯子末次郎　67
江別式(後北式)土器　15, 16, 18
江別(後北)文化　14
エミシ文化　18
王子製紙　104
奥州藤原氏　28
王政復古　64

押領使　66
大河原徳右衛門　120
大川原コビサントク　102, 103
大久保利通　80
大隈重信　80, 81
大倉喜八郎　73, 81
大槻玄沢　49
緒方洪庵　56
小川佐助　110, 120, 123
小河原亀五郎　111
沖縄戦　116
沖縄土地整理法　85
興津・下田ノ沢文化　14
忍路環状列石　12, 13
オタフク岩遺跡　26
御試交易　48
小樽港湾ゼネスト　106
乙名　44, 46, 111
オニビシ　44
オホーツク文化　18, 19, 26
「御味方蝦夷之図」　53
オムシャ　47
お雇い外国人　72
オロッコ　→ウィルタ
遠賀川式土器　14
遠国奉行　56

カ

夏　14
開元通宝　37
『海国兵談』　49
貝澤正　109
貝沢藤蔵　102
解釈の多様性(multivocality)　Ⅱ
開泰元宝　37
『解体新書』　48
開拓使　41, 60, 66, 67, 97, 104
開拓史観　130
開拓使官有物払い下げ事件　80
開拓使十年計画　72, 80, 82
開拓使庁　66
開拓使麦酒醸造所　73, 80, 81
開拓使布達　75
開拓判官　66
貝塚　12
『海東諸国紀』　24
解平社　106
開陽丸　60
賀川豊彦　106
蠣崎氏　35, 36
蠣崎季繁　36

149

索　引

蠣崎季広　38, 39
蠣崎波響　53
蠣崎光広　38
蠣崎義広　38
蠣崎慶広　→松前慶広
学術人類館　92
獲得経済　4
濊貊　32
勝山館　38
桂川甫周　48
桂太郎内閣(第2次)　100
加藤ナミエ　129
『蟹工船』　108
金子堅太郎　71, 82
樺山資紀　80
株仲間　58
鎌倉幕府　21
上川コヌサアイヌ　111
上川離宮　89
カムイトウウポポ保存会　129
カムイノミ　116
甕棺墓　14
カモクタイン　44
萱野喜太郎　83
萱野茂　126-129
唐子　28, 29
樺太アイヌ　50
樺太移民政策　108
樺太開拓使　76
樺太・千島交換条約　76, 93, 94
カリンバ遺跡　12
ガワー, エイベル　61
川村三郎　120
関西貿易社　80
完新世　2, 8, 10
寛政の改革　49
観世丸　55
勧農政策　82
桓武天皇　22
キウス周堤墓群　12
寄生地主(寄生地主制)　74, 122
北加伊　64
北風磯吉　86
北からの蒙古襲来　30
北黄金貝塚　12
北里柴三郎　92
喜多章明　106, 107, 110, 113
北のウォール街　104
北の大乱　22
『北の光』　120
北の倭寇　28
畿内　64
旧石器文化　4
旧土人　68, 90, 132
旧土人学校　94
旧土人給与地　130
旧土人児童教育規程　94, 112

『旧土人に関する調査』　102, 113
旧土人保護施設改善座談会　112
給与地　110, 121, 122
給与地返還運動　111
強制連行　114, 115
匈奴　16
共同作業所　126
享保の改革　49
共有財産　98, 111, 136
堯祐幼稚園　110
玉砕　116, 117
漁夫　88
居留地　58
ギリヤーク　→ニヴフ
吉里迷　30
記録作成等の措置を講ずるべき無形文化財　128
金　21, 30, 34
金田一京助　102
金肥　52
金融資料館　105
骨嵬　30, 34
苦夷　34, 35
百済　22
工藤平助　48, 49
宮内卿　32
クナシリ場所　52
クナシリ・メナシの戦い　52-54
クリミア戦争　54
黒田清隆　70, 72, 80
クンヌイの戦い　44
景祐元宝　37
化外の民　66
月氏　16
K135遺跡　16
ケプロン　72
ケミッシュ, ジョージ　61
元　21, 24, 28, 30, 32, 34
『元史』　30
『原始林』　102
遣隋使　66
現生人類　2
遣唐使　66
建文帝　34
権利回復運動　119
小出秀実　61
皇威　64
光格天皇　53
『狄猾の和人とアイヌ』　78
後期旧石器文化　4
公儀御料　52
高句麗　22
皇国之北門　64
公職追放　120
更新世　2, 8
『厚生白書』　126

皇宗通宝　37
行動的現代性　5
高度経済成長　126, 130
黄土動物群　8
洪武帝　34
後北式土器　15, 16, 18
「皇民化」政策　113
公領　28
小金井良精　92
『後漢書』東夷伝　25
黒印状　42, 43
国際人権規約　→市民的及び政治的権利に関する国際規約
国際先住民年　→世界の先住民の国際年
国際連合　134
国際連盟　114
国泰寺跡　55
国民精神総動員運動　114
国民徴用令　114
国立アイヌ民族博物館　138
国連先住民作業部会　134
護憲運動(第一次)　98
五胡　16
小作争議　106, 108
後三年合戦　24, 28
コシャマイン　32, 36
コシャマインの戦い　36, 38
戸籍法　68, 87
戸友厚　80
五代友厚　80
『コタン』　102
『コタンの口笛』　125
戸長役場　102
国会開設ノ儀　78, 79
国会開設の檄文　78, 79
国家総動員法　114
御統監　115
近衛文麿内閣(第1次)　114
小林多喜二　108, 109
五品江戸廻送令　58
古墳寒冷期　16
古墳文化　16, 18
米騒動　104, 106
五稜郭　56, 67
五稜郭の戦い　64
ゴローウニン, ヴァシリー　54, 59
ゴローウニン事件　54, 55
『今昔物語集』　24, 25
近藤重蔵　66

サ

西郷隆盛　80
西郷従道　80, 82
細石刃　8, 9
斉明天皇　22
坂上田村麻呂　22
佐賀の乱　66
坂本龍馬　59

サキタリ遺跡　7
札幌県　82
札幌越新道　72
札幌農学校　78
札幌麦酒株式会社　73
サッポロビール　73, 80
札前遺跡　26
擦文土器　19
擦文文化　18, 19, 21, 26
サヘラントロプス　2
様似等樹院　57
寒川Ⅱ遺跡　17
佐茂菊蔵　120
沢辺琢磨　59
『山海経』　22
産業革命　58
三県一局体制　82
三国干渉　86
『三国通覧図説』　49
三条実美　71, 89
三津七湊　32, 33
『さんせう大夫』　24, 25
山丹交易　50
サンタンゴエ地図　35
山丹人　50, 51
山丹服　50, 51
GHQ　→連合国軍最高司令官総司令部
CMS　→英国聖公会海外伝道協会
直捌　54
始皇帝　14
自作農創設特別措置法　122
地所規則　74
市制施行　104
市制・町村制　84, 102
士族授産　70
士族屯田　70
四宅豊次郎　124
七道　64
地頭　28
シヌイェ　69
志濃里館　32, 36, 37
渋沢栄一　73
シベチャリシャシ　44
シベリア出兵　104
シベリア抑留　116
資本主義　48
島義勇　57, 66, 67
市民的及び政治的権利に関する国際規約(国際人権規約B規約)　134, 135
四民平等　68
志村鉄一　66
下ヨイチ運上家　47
シャクシャイン　44
シャクシャインの戦い　44-46, 52
朱印状　43
周　14

十月革命　104
衆議院議員選挙(第1回)　84
衆議院議員選挙(第22回)　120
衆議院議員選挙法　84
「重建永寧寺記」　34
重商主義　48
自由貿易　58
自由民権運動　78
重要無形文化財　128
シュムクル　44
シュメール都市文明　14
狩猟・採集民社会　1
春秋戦国時代　14
荘園　28
尚氏　36
肖像権　131
縄文文化　1, 6, 12, 14
ショウヤコウジ兄弟　38
昭和恐慌　108
殖産興業　63, 72
植刃器　8
『続日本紀』　25
殖民局　82
女真　21, 34
新羅　22
白瀬矗　93, 102
白主会所　50
白主土城　31
白保竿根田原洞窟遺跡　7
白襷隊　86
秦　14
晋　16
清　34, 50, 85
新起事業計画　88
壬午・甲申軍乱　85
人種　2
人種差別撤廃条約　2
壬申戸籍　70
新生代新第三紀　2
新石器文化　4, 10
神武景気　126
陣屋　54
『新羅之記録』　36-38
隋　22
枢軸　114
スキタイ　16
杉田玄白　49
スコット隊　93
調所広丈　82
鈴木文治　106
鈴谷式土器　16, 18
ストーンサークル　12
砂沢市太郎　106, 111
砂沢ペラモンコロ　111
砂沢遺跡　14
『諏訪大明神画(絵)詞』　24, 28, 29
征夷大将軍　42
生活館　126

青函連絡船　100, 116
聖公会　98
『成宗実録』　32
青銅器文化　14
世界の先住民のための国際年(国際先住民年)　134, 135
石刃　8
石刃鏃　10, 11
石棺墓　14
『戦旗』　108
前期旧石器文化　2
選挙法改正　84
『先駆者の集い』　126-128, 137
前九年合戦　24, 28
全国アイヌ語る会　130
戦国時代　21
全国水平社　106
先住民族　I, 76, 134
先住民族の権利に関する国際連合宣言(UNDRIP)　I, 136
仙台藩元陣屋　54
全道アイヌ青年大会　110
全道アイヌ代表者会議　111
尖頭器　8
宣徳帝　36
全日本無産者芸術連盟　108
鮮卑　16
前方後円墳　16
前方後方墳　16
宗氏　42
創氏　68
創氏改名　63, 113
蘇我蝦夷　22
続縄文文化　14-16, 18

タ

「第一蝦夷報告」　39
第一次世界大戦　102, 104, 106, 114
大化改新　22
大黒屋光太夫　52
大黒屋光太夫事件　55
第七師団　81, 86, 87, 111, 114-116
大正3遺跡　10, 11
大正デモクラシー　98, 102
第二次世界大戦　109, 114
大日本帝国憲法　84
大日本麦酒株式会社　73
第八師団　115
太平洋戦争　114, 116
『大明実録』　34
大モンゴルの時代　30
第四紀　2, 8
高倉新一郎　125
高田屋嘉兵衛　55
髙橋真　120, 121

滝里安井遺跡　15
武内渉　134
武隈徳三郎　97, 98, 102-104
武田斐三郎　56, 57
武田泰淳　125
武田信広　36, 38
辰野金吾　105
竪穴住居　18, 21, 26
田中敏文　120
田沼意次　48
多文化・多民族社会　6
霊送り儀礼　26
玉虫左太夫　57
俵物　48, 58
単一民族国家　134
近文給与地問題　106, 111, 112
知行地　42, 46, 52
地券　74, 75
チコモタイン　38, 39
チセ　21, 26
地租改正　74
地租改正条例　74
秩禄処分　70, 74
チプサンケ　138, 139
地方改良運動　100
地方自治法　120
チャシ　45
チャシコツ岬下B遺跡　26, 27
中華思想　22, 25
中期旧石器文化　4
中空土偶　12, 13
朝貢(朝貢交易)　21, 24, 36, 47
『朝鮮王朝実録』　32, 33
朝鮮人労務者内地移住に関する件　114
朝鮮戦争　124
徴兵告諭　85
徴兵制　113
徴兵令　70, 86
『勅修奴児干永寧寺記』　34, 35
著保内野遺跡　12, 13
知里真志保　103
知里幸恵　102, 103
沈黙交易　30
追捕使　66
津軽安藤氏　24
津軽大乱　32
ツキノエ　52
津田三蔵　71
『堤中納言物語』　25
角塚古墳　16, 17
坪井正五郎　92
ディアナ号　54, 55
『庭訓往来』　32
帝国議会(第1回)　84
帝国議会(第13回)　90

帝国議会(第15回)　84
帝国主義　63
鄭和　34
適塾(適々斎塾)　56
弟子豊治
手代木隆吉　123
鉄道国有法　100, 104
デニング　107
デ・フリース　26
寺内正毅内閣　104
伝統的工芸品　138
唐　22
東夷成敗権　28
道会議員選挙(第1回)　84
東京アイヌ学会　102
東京都制・府県制・市制・町村制　84
『東京横浜毎日新聞』　80, 81
「東西蝦夷山川地理取調図」　65
東条英機内閣　114
土人保導委員　110, 111
東征元帥府　30, 34
『東韃地方紀行』　35, 51
道南十二館　32, 33, 36
十勝アイヌウポポ愛好会　126, 128
十勝アイヌ旭明社　106
十勝旭明社　99, 107, 110
十勝公会堂　106
時任為基　82
土偶　12
徳川家重　48
徳川家治　48
徳川家康　42, 43
徳川義親　107
特設アイヌ学校　112, 113
得宗被官
十三湊　28, 32, 33
土人救療規程　112
ドーズ, ヘンリー　91
ドーズ法　90, 91
トビニタイ文化　18, 19
土木の変　34
豊臣秀吉　39, 42
渡来集団　14
鳥浜貝塚　12
トローン, ヘンリー　61
トンコリ　138
屯田設立建白書　70
屯田兵　70, 86
屯田兵例則　70

ナ

ナイオサニ　89
内閣制度　84
内国勧業博覧会(第5回)　92
内国植民地　60, 88, 90

151

索　引

ナイフ形石器　8
中江兆民　78, 79
中曽根康弘　134
長野宇平治　105
中村要吉　99, 107
永山武四郎　86, 89
ナチズム　114
夏目漱石　85
ナトゥーフ文化　10
菜畑遺跡　14
鍋沢サンロッテ　99
鍋島直正　66, 67
ナメシクル　44
南部氏　32
南北朝時代　16
「南北の塔」　117
新冠御料牧場　109, 122
新島襄　59
ニヴフ　28, 30, 51, 116
尼港事件　101, 104, 105
ニコライ　59
ニコライ堂　59
西沢征夫　132
二重構造モデル　6
日英同盟　104
日独伊三国防共協定　114
日米修好通商条約　57
日蓮　31
『日蓮聖人遺文』　31
日露開戦　87
日魯漁業会社　100
日露戦争　76, 86, 100
日露和親条約　64, 76
日鋼室蘭争議　106
日清戦争　84, 86
日ソ中立条約　116
日中戦争　108, 114
新渡戸稲造　107
203高地の激戦　86, 87
二風谷アイヌ文化資料館　127-128
二風谷遺跡　27
二風谷イタ　138, 139
二風谷ダム訴訟　136
『日本奥地紀行』　93
日本銀行小樽支店　104, 105
日本国憲法　119
『日本書紀』　22, 23
日本製鋼所　104, 105
日本農民組合北海道連合会（日農北連）　106
日本麦酒醸造　73
『日本幽囚記』　59
二里頭文化　14
人別帳　57
貫塩喜蔵　110
ヌルガン城　30
ヌルガン都司　30, 34, 35
ネアンデルタール人類　4, 5
ネアンデルタール博物館　5

ネヴェリスコイ　54
ネトルシップ　99, 107
根室県　82
農耕　4
農山漁村経済更生運動　108
農村救済請願運動　108
農地改革　122, 123
野村義一　132, 134, 137
『野村義一と北海道ウタリ協会』　134
ノモンハン事件　114

ハ

裴李崗文化　10
ハエ　44
パークス　61
白村江の戦い　22
幕領期（第一次）　52, 54, 56, 57
幕領期（第二次）　54, 56, 57, 60
函館県　82
『函館新聞』　78
箱館戦争　60, 66
箱館奉行　56, 57
箱館奉行所文書　56
ハシタイン　38, 39
場所　46
場所請負制　46, 74
場所請負人　48, 52
パタピラ　99
旗本　56
バチェラー学園　107
バチェラー記念館　107
バチェラー, ジョン　92, 98, 99, 107, 110
バチェラー八重子　92, 102, 107
八甲田山雪中行軍遭難事件　87
髪容改　48
ハーデ, R・S　123
バード, イサベラ　27, 93
花沢館　32, 36
花守信吉　93
埴原和郎　6
浜口雄幸内閣　108
林貞行　135
林子平　49
林ノ前遺跡　22, 23
版籍奉還　66
版築　31
ハンドアックス（握斧）　2
万里の長城　34
ピアリー隊　93
東アジア農耕社会　1
東釧路貝塚　12
久松義典　78
飛騨屋　52
飛騨屋久兵衛　48

日ノ本　28, 29
美々4遺跡　12, 13
平泉政権　21
平取町立アイヌ文化博物館　138
平村ペンリウク　99
広田弘毅内閣　108
広野ハル　129
武　22
フヴォストフ事件　54
福沢諭吉　56
『福山秘府』　35
富国強兵　63, 72
フゴッペ洞窟　16, 17
『不在地主』　108
不在地主　122
伏古土人特別教育所　99
富士製紙　104
伏根弘三　99, 107
藤本強　6
藤原顕輔　25
フチ・イキリ　68
淵瀬惣太郎　123
プチャーチン　54
普通選挙法　98, 102
不動神社　116
船泊遺跡　12, 13
フビライ・ハン　30, 31
『夫木和歌抄』　24, 25
ブラック, J・R　61
フランス革命　52
プランテーション　59
プラント・オパール　14
不良環境地区改善対策事業　126
ブルース, エディ　121
ブルーメンバッハ, ヨハン・F　2
プロレタリア文学運動　108
文永の役　31
文化財保護法　126
フン族　16
平安時代　21
平氏政権　21
平地住居　21, 26
平民屯田　70
ペイン, ルーシー　99
『ペウレ・ウタリ』　133
辺泥和郎　106, 120, 121, 123
ペリー　56
弁開凧次郎　87
弁慶号　72
弁天島遺跡　18
辺民　50
ヘンリー　61
豊栄旧土人青年会　101
防御性集落　22, 23
北条義時　28
奉天会戦　86
彭頭山文化　10

北元　34
『北槎聞略』　55
北辰星　67
北大式土器　18
牧畜　4
北洋漁業　100, 101, 108
保護地　98
星野工　139
戊申詔書　100
戊辰戦争　56, 60, 66, 70
母船式蟹漁業（蟹工船）　100, 108
母船式漁業　108
母船式鮭鱒漁業（鮭鱒沖取工船）　100
『北海タイムス』　133
北海道　60, 64
北海道アイヌ協会　106, 110, 120-122, 126, 128, 137
北海道アイヌ生活実態調査　138
北海道アイヌ民族生活実態調査　138
北海道アイヌ問題研究所　120, 121
北海道ウタリ協会　109, 126, 128, 130-134, 137
北海道ウタリ生活実態調査　130, 132, 138
北海道ウタリ対策（第1次）　132
北海道ウタリ対策（第2次）　132
北海道ウタリ対策関係省庁連絡会議　132
北海道会　84, 85
北海道開拓記念館　129
北海道会法　84
北海道観光ブーム　124, 126
北海道議会開設運動　84
北海道旧土人保護法　90, 91, 94, 97, 98, 106, 110-112, 121-123, 132, 133, 136
北海道区制　84
『北海道史』　104
北海道式古墳　18, 19
北海道十年計画　90, 94, 100
『北海道新聞』　114, 120, 121, 123, 127, 131, 137
北海道船艦旗章　67
北海道第一期拓殖計画　100
北海道第二期拓殖計画　108
北海道大学　78, 131
北海道大学アイヌ・先住民

研究センター　138
北海道拓殖銀行小樽支店　109
北海道炭礦汽船株式会社　104
北海道炭礦鉄道株式会社（北炭）　104
北海道地券発行条例　74, 75, 85
北海道地方費法　84
北海道庁　82
北海道帝国大学　103, 114, 115, 131
北海道土人教育所　94
北海道土地売貸規則　74
北海道土地払下規則　88
北海道博覧会　97, 104, 105
北海道百年記念式典　130
北海道百年記念　131
北海道不良環境地区改善対策事業　126
『北海道毎日新聞』　78
北海道立文書館　56
北海道地方軍政部　120
ホワイトレー，ヘンリー　61
ポーツマス条約　76, 100
ホテネ　99
ポプラ並木東遺跡　16
ホモ・サピエンス（解剖学的現代人）　2, 4, 5, 8
ホモ・ネアンデルターレンシス　4
ホモ・ハイデルベルゲンシス　2
ホモ・ハビリス　3
堀利熙　57
幌内炭鉱　72
本多新　78, 79

マ

前野良沢　48, 49
磨製石器　14
松浦武四郎　29, 64-66

マッカーサー　121, 123
松方デフレ政策　88
松平太郎　61
松田伝十郎　50
松前章広　54
『松前旧事記』　39
松前氏　42, 43
松前修広　66
松前藩　36, 41, 44, 46, 47, 50, 52-54, 64, 86
松前広長　35
松前道広　53
松前慶広（蠣崎慶広）　42
松浦党　32
ママチ遺跡　13
間宮林蔵　35, 51
まりも祭り　124, 125, 129
万延元年使節　57
満洲開拓移民推進計画　108
満洲仮府　51
満州事変　108, 114
満洲人　34
満蒙開拓青少年義勇軍　108, 109
マンモス動物群　8
ミッドウェー海戦　116
港川旧石器人　7
港川人　7, 8
南溝手遺跡　14
源頼朝　28
身分解放令　68
宮部金吾　107
明　21, 24, 34, 36
民主化政策　119, 120, 122
民撰議院設立の建白書　78
民族　2
民族共生の象徴となる空間　136, 138
向井富蔵　107
向井八重子　→バチェラー八重子
向井山雄　92, 110
無主の地　74, 80
宗任法師　24
村垣範正　57

村山伝兵衛　52
村山富市　136
明治維新　60, 113
明治十四年の政変　80
明治新政府　60, 63, 72, 74, 76
メティー　60
目梨泊遺跡　18
蒙古　24
蒙古襲来（元寇）　30, 31
最上徳内　48, 49
木棺墓　14
元江別1遺跡　17
元地式土器　18
茂別館　36
紅葉山49号遺跡　12
モヨロ貝塚　18
森竹竹市　102
『森と湖のまつり』　125
モンゴル帝国　24, 28, 30, 32
文字常太郎　123

ヤ

ヤイユーカラ・アイヌ民族学会　130
八千代A遺跡　11
「野蛮なるもの」　63
山県有朋内閣（第1次）　89
山県有朋内閣（第2次）　84
山形良温　99
山下洞人　7
山辺安之助　93, 102
山本多助　124
弥生土器　14, 16
弥生文化　6, 14-16
『ヤング・ジャパン』　61
友愛会　106
『郵便報知新聞』　80
湯島聖堂　57
湯地定基　82
吉田菊太郎　102, 106, 107, 113, 117, 126
吉田茂八　66

義経神社　116
吉根リツ　129

ラ

ラクスマン，アダム　52, 54, 55
ラクスマン，キリル　55
ラスコー洞窟　5
ランドル　121
陸軍特別大演習　114, 115
立憲改進党　78
律令国家　24
琉球王国　36, 41, 48
琉球使節　41
琉球処分　85
琉球人　6
『琉球新報』　93
凌雲閣（現，龍雲閣）　109
領地安堵　43
旅順攻略戦　86
リンネ，カール　2
ルヴァロワ方式　4
レッド・リバーの反乱　60
連合国軍最高司令官総司令部（GHQ／SCAP）　119, 120, 122, 123
老中　56
盧溝橋事件　114
ロシア革命　106

ワ

稚泊航路　100, 101
『若き同族に』　102
若葉の森遺跡　8, 9
脇本館　32
倭国大乱　22
和人地　42, 64
渡辺千秋　88, 111
渡党　28, 29
倭の五王　22
俘囚をこり　30, 31

●図版所蔵・提供先一覧

P.3 上　ロンドン自然史博物館蔵・ユニフォトプレス提供
P.3 下右　北海道大学アイヌ・先住民研究センター
P.3 下左　ユニフォトプレス
P.5 上左　時事通信フォト
P.5 下　ユニフォトプレス
P.7 上右　国立科学博物館（画：山本輝也）
P.9 上右　帯広百年記念館
P.9 中・下左　遠軽町埋蔵文化財センター
P.11 上左・右　帯広百年記念館
P.11 下右　帯広百年記念館
P.13 上左　函館市教育委員会
P.13 上中　礼文町教育委員会
P.13 上右　礼文町教育委員会所蔵，佐藤雅彦撮影
P.13 中左　小樽市教育委員会
P.13 中右・下右　北海道立埋蔵文化財センター
P.15 上右・中右　文化庁所蔵／伊達市教育委員会保管
P.15 下左　江別市郷土資料館
P.15 下右　芦別市星の降る里百年記念館
P.17 上右　奥州市教育委員会
P.17 中右　よいち水産博物館
P.17 中左　江別市郷土資料館
P.17 下　秋田県教育委員会
P.19 上中　礼文町教育委員会所蔵，佐藤雅彦撮影
P.19 上右　網走市立郷土博物館
P.19 中左　オホーツクミュージアムえさし
P.19 中右　江別市郷土資料館
P.19 下左　北見市教育委員会
P.19 下右　東京大学常呂資料陳列館
P.23 下右　青森県埋蔵文化財調査センター
P.24　九州大学附属図書館
P.27 上左　よいち水産博物館
P.27 上中　沙流川歴史館
P.27 上右　平取町立二風谷アイヌ文化博物館
P.27 中　北海道立総合博物館
P.27 下左　北海道大学附属図書館
P.27 下右　北海道大学アイヌ・先住民研究センター
P.29　北海道大学附属図書館
P.31　ユニフォトプレス
P.33　五所川原市教育委員会
P.35 上右　国立公文書館
P.35 中　松前町郷土資料館
P.35 下右　市立函館博物館
P.37 上　函館市教育委員会
P.37 下左・右　市立函館博物館
P.38　上ノ国町教育委員会
P.43 上　北海道立総合博物館
P.43 下　長崎歴史文化博物館
P.45 中右　竹中幸子
P.45 下　新ひだか町博物館
P.47 上　函館市中央図書館
P.47 下　よいち水産博物館
P.48　北海道大学附属図書館
P.51 上　市立函館博物館
P.51 中・下　国立公文書館
P.53 上　函館市中央図書館
P.53 下右　根室市歴史と自然の資料館
P.55　早稲田大学図書館
P.56 上左・下右　函館市教育委員会
P.56 上右・下左　函館市中央図書館
P.57　厚岸町教育委員会
P.59　本間美術館
P.61　函館市中央図書館
P.65 上　音威子府村
P.65 下　北海道大学附属図書館
P.67 上　サッポロビール株式会社
P.67 上左　函館市中央図書館
P.67 上右・中・下　北海道大学附属図書館
P.67 下右　函館市中央図書館
P.69 上　『蝦夷風俗図会』
P.69 下　東京国立博物館・Image：TNM Image Archives
P.71 上　北海道大学附属図書館
P.71 下　『樺戸監獄史話』より
P.72　北海道大学附属図書館
P.73　北海道大学附属図書館
P.76　国立国会図書館
P.77 左　北海道大学附属図書館
P.77 右　眞願寺
P.78 左・中　北海道大学附属図書館
P.78 右　国立国会図書館
P.80 左　北海道大学附属図書館
P.80 右　北海道大学植物園・博物館
P.81　北海道大学植物園・博物館
P.83　北海道大学附属図書館
P.84　北海道大学附属図書館
P.85　国立国会図書館
P.86　名寄市北国博物館
P.87 上左　防衛研究所戦史研究センター
P.87 上中　松前市教育委員会
P.87 上右　国立公文書館
P.87 下　北海道大学附属図書館
P.88　北海道大学附属図書館
P.89 左　北海道大学附属図書館
P.91　国立公文書館
P.92　北海道大学附属図書館
P.93 上　南陽市商工観光課
P.93 下左　白瀬南極探検隊記念館
P.93 下右　国立国会図書館
P.99 上　北海道大学附属図書館
P.99 下左　『アイヌ沿革誌』より
P.99 下右　幕別町教育委員会
P.101 上　佐々木長左衛門『北海道旭川市アイヌ写真

　　　　　帖』より
P.101 下　北海道大学附属図書館
P.103 上左　喜多章明『北海道アイヌ保護政策史』より
P.103 上右　『北海道農業研究』第16号より
P.103 中左　知里幸恵銀のしずく記念館
P.103 下　武隈徳三郎『アイヌ物語』より
P.105 上・中左・下　函館市中央図書館
P.105 中右　小樽市
P.107 上　琴阪守尚『磯野小作争議・小樽港湾争議資料集』より
P.107 中　喜多章明『アイヌ沿革誌』より
P.107 下　『尋常小学校読本』より
P.109 上　毎日新聞社
P.109 中　『北海道開拓記念館だより』より
P.109 下　北海道大学附属図書館
P.110　喜多章明『アイヌ沿革誌』より
P.111　国立国会図書館
P.113 左・右　幕別町教育委員会

P.115 右　国立国会図書館
P.115 下　『函館新聞』より
P.117 上　幕別町教育委員会
P.117 中　国立国会図書館
P.117 下　糸満市
P.121　大阪人権博物館
P.123　国立公文書館
P.125 左　©　東映
P.125 右　阿寒観光協会まちづくり推進機構
P.127 左　北海道アイヌ協会
P.127 右　萱野志朗
P.129　北海道アイヌ協会
P.134　北海度ウタリ協会
P.137　北海道アイヌ協会
P.139 上左　平取町立二風谷アイヌ文化博物館
P.139 上右　二風谷民芸組合
P.139 下左　朝日新聞社

155

編　者　加藤博文（北海道大学アイヌ・先住民研究センター教授）　　　　　（2018年3月現在）
　　　　若園雄志郎（宇都宮大学地域デザイン科学部准教授）

執筆者　第1部　加藤博文
　　　　第2部　中村和之（函館工業高等専門学校教授）
　　　　第3部　吉嶺茂樹（北海道有朋高等学校教諭）
　　　　第4部　相庭達也（北海道札幌東高等学校教諭）
　　　　第5部　阿部保志（北海道札幌手稲高等学校教諭）
　　　　第6部　幡本将典（札幌市立大通高等学校教諭）
　　　　　　　　若園雄志郎

いま学ぶ　アイヌ民族の歴史

2018年4月25日　第1版1刷発行　　2018年8月25日　第1版2刷発行

編　者　加藤博文・若園雄志郎

発行者　野澤伸平
発行所　株式会社　山川出版社
　　　　〒101-0047　東京都千代田区内神田1-13-13
　　　　電話　03-3293-8131（営業）　8135（編集）
　　　　振替　00120-9-43993
　　　　https://www.yamakawa.co.jp/

印刷・製本　株式会社　アイワード
装幀——菊地信義　　本文デザイン——岩﨑美紀

© 2018　Printed in Japan　　　　　　　　　　　　　　　ISBN978-4-634-59103-5

・造本には十分注意しておりますが，万一，落丁・乱丁などがございましたら，小社営業部宛にお送りください。
　送料小社負担にてお取替えいたします。
・定価はカバーに表示してあります。